大学文科实践系列教材

第三方物流仿真与实践

主　编　卢　奇　张　光
副主编　张　静　张元虹

经济科学出版社

图书在版编目（CIP）数据

第三方物流仿真与实践／卢奇，张光主编．—北京：经济科学出版社，2007.7
（大学文科实践系列教材）
ISBN 978 - 7 - 5058 - 6425 - 2

Ⅰ．第… Ⅱ．①卢…②张… Ⅲ．物流 - 物资管理 - 仿真 - 高等学校 - 教材 Ⅳ．F252 - 39

中国版本图书馆 CIP 数据核字（2007）第 096857 号

责任编辑：王东岗
责任校对：徐领弟
版式设计：代小卫
技术编辑：潘泽新

第三方物流仿真与实践
主编 卢 奇 张 光
经济科学出版社出版、发行 新华书店经销
社址：北京市海淀区阜成路甲 28 号 邮编：100036
总编室电话：88191217 发行部电话：88191540
网址：www.esp.com.cn
电子邮件：esp@esp.com.cn
北京汉德鼎印刷厂印刷
华丰装订厂装订
880×1230 16 开 10.5 印张 220000 字
2007 年 7 月第一版 2007 年 7 月第一次印刷
印数：0001—3000 册
ISBN 978 - 7 - 5058 - 6425 - 2/F · 5686 定价：18.00 元
（图书出现印装问题，本社负责调换）
（版权所有 翻印必究）

大学文科实践系列教材编辑委员会

主　　　编：李朝鲜

副 主 编：黄先开　秦艳梅

编委会成员：黄先开　秦艳梅　周　莉　徐晓慧　周清杰
　　　　　　栾　红　侯海英　王忠国　李　智　杨　辉
　　　　　　曹铁英　陈　冰　何明珂　王　真　黄桂芝
　　　　　　卢　奇　赵学凯　朱建方

大学文科实践系列教材

总　　序

现在，呈现在您面前的是一套体现现代教育思想的探索性实践教材。当您打开这套书的时候，实际上您已经走上了这条探索之路，在这个探索过程中，您将成为探索的主体、探索的参与者和当事人，您已不再是被动地被灌输的对象。

现代教育的理念，已不仅仅是传授知识，还要演示知识，并调动学生主动、积极地学习知识。在主动学习的过程中，将知识转化成能力，转化成创造能力；养成一种宝贵的主动参与意识和参与能力，养成权利责任与科学理性精神。

这是建设创新型国家的需要。创新型国家需要创造性人才，创造性人才要求有创造型教师，创造型教师必须具备现代教育理念，这种教育理念的载体之一，就是要有适合培养创造性人才的教材。这一套具有全新理念的教材，归纳起来，有两大显著特征：

一、将理论与实践在教材内部有机地结合起来。我们的教育一贯倡导理论与实践结合。以往的绝大多数教材在理论与实践的结合上，往往是在教材之外的结合。在教材里或在课堂上学的是基本理论；实践，是在教材或课堂之外进行的。也就是常说的实验、实地调查、现场参观，到业务部门实习，撰写调查报告、实验报告或论文写作等等，并把这当成惯例，一堂堂、一年年地传承下来。使理论与实践的结合，总有一种"体外结合"式的课外与课间的结合，或是在教材外的结合，这种结合，总有一种"两张皮"似的感觉，不那么紧密。而这套教材，则是将理论与实践，在课程内部、教材内部相结合，在这里，上的是实践课，是突出实践，是将基本原理、基本方法、基本技能紧密地融为一体。您在这里，再也没有只带个耳朵的感觉，你已不再只是听，而是亲自看，亲自做，是真正的听、看、思、做紧密结合。

比如，《ERP沙盘实战》是将进入该课程的学生组成若干团队，分别接管完全相同的若干个企业，构成相互竞争的市场。他们得在瞬息万变的环境中为自己的企业制定规划，付诸实施，并在生存中求得发展。他们需要理解并遵守运行规则（经济法）、安排等资投资（财务管理学）、决定订货方案（市场营销学）、完成生产运行（企业管理）、进行经营成果核算（会计学）、掌握市场和其他企业的动态（信息学）、互相检查和监督规则执行情况（审计学）。这一切活动，都要由团队内的5~6名学生自己完成。教师则负责指导和帮助总结。该课程整合了多个学科并通过模拟的方法将专业知识用于企业经营，具有鲜明的时代性和前沿性。在课程中，学生将进入场景担任角色亲身体验一个企业经营的完整流程，亲自操作资金流、物流、信息流及其协同；理解企业实际运作中各个部门的相互配合，亲验团队的力量和自己的作用。实践报告的编写、课间的小结和课后的总结，更让每位同学从树林中走出来，从理论高度俯视回顾自己和同学的实践经历：享受成功；发现不足；明确努力方向！在这里，苦学、孤立、被动没有了，取而代之的是快乐、团队和主动。实践活动使得专业知识在学生的大脑中扎根发芽，不断增加的新知识则让这棵能力之树愈加根深叶茂。

再举个例子，在其他课堂上讲的《第三方物流》课，基本上是从定义、概念、组织、功能、岗位、职能、管理原理、方式、方法、业务流程等讲起，这些内容对于初学者来讲，既抽象又空洞，缺乏真实感，不知第三方物流为何"物"。基本上是在课堂上学完、听完、考完后则忘完，原物奉还给老师。一旦到了业务部门就有一种一切都得从头学的感觉。在这里，这一切都发生了根本性的变化。现在的《第三方物流》课，变成了《第三方物流仿真与实践》。您在这里再上这门课的时候，首先映入您眼前的是一个实景沙盘，在这里，第三方物流的概念、运作方式、业务组成部门，每批货物的流向，路经什么环节，各业务岗位环节是怎样联系起来的？一切井然有序、科学合理，一目了然，是一个看得见、摸得着的大系统。在这个边听、边看、边思考的过程中，您不觉得这一节课过得太快了吗？学也其乐融融，教也轻松愉快，再也不是学海无涯"苦"作舟了。在这里抽象空泛变成了真景实感；枯燥乏味变成了生机盎然；再也没有了"被人灌输"那种局外人的感觉，参与意识已从心生，学下去吧！参与能力要渐渐养成！

在这些课程上，既有知识的演示，又有师生互动，角色互换，同学们在仿真实践环境中亲历实际业务角色，通过动手操作，动脑设计，在电脑上完成作业，提出自己的创意，解决自己的问题，看看同学们的看法、做法，再听听主讲教师的小结，现代教育理念在这里得到了实际的体现！

以上仅仅是举几个实例，本系列20多门课程和教材都将按照这样一种现代教育的理念与您一部一部去探索。

二、教师有亲历实践经验。这种教材内部的理论与实践的结合，是怎样实现的？是老师，是主编，是有实践经验，有科研能力，同时又热爱着教育事业的主编老师，他（她）们，大多来自实践第一线，有亲历实践的经验，比如《银行信贷管理与风险控制》的作者李智博士，就是中国工商银行总行高级经济师，他曾在中国信托投资咨询公司担任多个重大项目组及大型银团项目负责人，现任中国工商银行总行信贷审批中心主审查人。李智博士拥有较高的学术素养，在风险管理、银行经营管理等方面发表过多篇著述，参与了甘肃省、教育部等多个重大课题研究工作，并拥有多年丰富的实际工作经验，对我国金融发展及金融机构经营管理变革有全面深刻的见解。《银行信贷管理与风险控制》这门课全面系统地介绍了商业银行信贷业务流程中的风险控制措施，从多个角度系统地介绍了信贷业务及其风险管理的基本内容，并着重讲解信用风险管理的流程、技术与体系。该课程在授课过程中紧密结合金融界实务和发展趋势，加入了国内外银行的丰富案例，通过对不同行业、不同地区、不同条件客户的信贷案例实例分析，能使学生初步掌握银行信贷业务特点和信用风险管理的要点，并培养学生良好的风险意识和风险识别能力。大量的商业银行信贷业务实例及课堂讨论，开阔了学生视野，增强了学生实际业务操作技能。

又如，《证券交易实践》的主编王忠国先生，原是中国人民大学金融学院硕士，2001 年以来，一直从事职业操盘手工作，在股市实战中形成了独特的证券投资理念，他曾在北京、武汉、宁波等地多次讲授证券实战中的"高控盘战法"、"超跌股战法"；也曾在多家营业部多次讲解股市中的有关重大问题。由他主编的《证券交易实践》是一本金融专业学生必读的实践教材，是学生学习理论联系实际的必要环节。该书主要讲述证券投资的基本操作方法，揭示证券市场运行的一般规律，同时介绍风险控制的理论与实践，为学生提供了实践创新的有益平台。

再如，《企业管理模拟实践方法与策略》主编王真，不仅具有深厚的理论功底，而且具有丰富的实践教学经验。该教材是通过前导性模拟实践、沙盘模拟实践、计算机人机对抗模拟实践和国际企业管理挑战赛（GMC）等四大模块组成的模拟实践。该书主要是指导学生进行实操性的训练，使学生了解企业经营管理的环境，掌握企业生产、经营和管理的基本环节和基本流程，锻炼和培养学生分析问题、解决问题的能力。该书还融入了大量的分析、讲评和延伸性的讨论。例如：每项实训的"决策要点"，深入浅出地为学生做了精要的讲解，其中不乏真实企业经营管理实践的精华写照。而每项实训的"问题讨论"，又将实训引向更深层的研究，从而启发学生积极思考，究元决疑，追求卓越，达到经营管理的更高境界。

容不一一再述，正是由于担任这套教材撰写工作的各位主编的广学强识和实践经验，才熔铸了这套教材所独具的特征，有了这套教材和这些教师，再加上先进、适用的实践环境以及同学们的积极参与，为编这套教材所要达到的目标，还能不会实现吗？试试吧！

不知如此赘言可是为序。

恭祝创新成功！

中国人民大学商学院教授　博士生导师

李金轩

2006 年 6 月于涧桥泊屋馆

大学文科实践系列教材

总前言

认识来源于实践，又服务于实践，实践既是认识的源泉，又是认识的深化和提高。唯物辩证法的认识论揭示了人们认识过程的客观规律。高等教育遵循这一规律并不断探索其在教学过程中的具体应用。高等院校在深化教育教学改革的进程中，对实践教学的研究与探索从来都没有停止过，实践教学作为教学过程的重要环节，日益受到广大教师的重视。

随着经济的快速发展和社会的不断进步，市场不仅对人才的知识结构、思维模式、创新意识等提出了更高的要求，而且对大学毕业生的工作适应能力和动手实践能力也提出了进一步的要求。如何改进现有的教学模式，给学生创造更多的实践机会和提高职业技能，培养学生的动手能力和自主创新能力，使之成为能够尽快适应社会环境的合格毕业生，是高等教育教学改革的一个重要方向和主要内容。

大学文科实践系列教材是北京工商大学针对高等院校深化教育教学改革，彰显办学特色，探索实践教学模式而面向社会精心设计并推出的一套全新的实践系列教材。全套教材以现代教育技术理论为指导，以实践课程为依托，以相关学科的实际业务流程作为教材主体结构和教材体系的核心内容，充分体现了"以人为本"的现代教育理念。在编写体例、行文风格等方面都有别于传统的理论教材体系，充分体现出自主创新能力。

本套教材共分为经济金融、企业管理、财务会计三大板块，其主要特色有以下方面。

1. 科学的目标定位，重点突出实践教学。以实践课程为依托，强化"实践育人"，增强学生的实际操作能力，实现符合市场和就业需要、科学发展的教学目的和培养目标，在教学培养目标方面具有自主创新性。

2. 科学的结构设计，重点突出业务系统和流程。以经济管理类的相关学科的企业或公司的实际业务流程为基础，以现代化实验室设备、软件及其实践环境为背景条件，运用现代教育理论，在教材结构上重点突出实践、实战或模拟，在教材的结构方面具有自主创新性。

3. 科学的体系设计，重点突出业务操作。全套教材的体系，首先以实践准备为开篇，介绍课程的基础理论、入门指导和学习目标；其次以实践主题和实践环节组成业务训练单元；最后以实践报告作为综合训练和总结，在教材模式和体系方面具有自主创新性。

4. 独特新颖的版面设计，图文并茂，重点突出可读性和实用性。教材版面组合包括：文字阐述、流程设计、场景画面等，新颖的版面设计使教材具有可视、可读和实用性，在版面设计方面具有自主创新性。

5. 具有广泛的读者群和潜在的市场价值。本套实践教材独特实用，图文并茂，通俗易懂，既可作为全国各高等院校同类实践课程的正规教材，也可作为企业、公司和相关机构职员的培训教材。

本系列教材由北京工商大学长期从事本科教学的教师和部分从事经济、金融、管理等领域具有丰富实际经验的专家共同编写而成。但编写实践系列教材是一项原创性工作，可供借鉴的经验很少，难免出现各种纰漏和不足，恳请社会各界人士及广大读者批评指正。

北京工商大学
文科实践系列教材编委会

本书前言

随着世界经济的快速发展和现代科学技术的进步，物流产业作为国民经济中一个新兴的服务部门，正在全球范围内迅速发展。20世纪90年代，全球物流年均增长7%以上，高于同期GDP增幅。2000年，全球物流产业规模为3.6万亿美元，与世界旅游业总收入基本相当。在国际上，物流产业被认为是国民经济发展的动脉和基础产业，其发展程度成为衡量一国现代化程度和综合国力的重要标志之一，被喻为促进经济发展的"加速器"。

相对于发达国家的物流产业而言，中国的物流产业尚处于起步发展阶段，但极具发展潜力。有资料显示，在我国目前工业企业生产中，直接劳动成本占总成本的比重不到10%，而物流费用占商品总成本的比重，从账面反映看约为40%，在商品的整个生产销售中，用于加工和制造的时间仅为10%左右，用于物流过程所占用的时间几乎为90%。目前，我国与物流相关的总支出约19000亿元，国内运输和物流费用超过2000亿元，并继续以年均8%的速度增长。据专家估计，在未来几年内，我国物流市场的发展空间至少在1000亿以上。然而，一个不容忽视的问题却摆到了我们的面前，那就是流通领域的关键环节——物流业正面临着人才匮乏的状况。

由于物流学科是一门综合学科，它是技术与经济相结合的边缘学科，物流产业又是一个跨行业、跨部门的复合产业，同时它又是劳动密集型和技术密集型相结合的产业，所以发展物流产业，不仅需要高级物流管理人才，更需要大量物流执行型与操作型人才。物流企业和许多生产制造企业的总裁们认为，不是所有物流专业的大学生、研究生、博士生从校门出来就是人才，看一个人是否是真正的人才，最重要的是看他们接受继续教育的能力和他们的实际操作技能。

在信息技术迅速发展和企业物流管理系统日臻完善的今天，第三方物流的信息化管理日益成为物流企业日常管理的重要内容，也成为物流管理教学改革需要充实完善的重要内容。为了满足蓬勃发展的首都物流市场的人才需求，适应教育教学改革的需要，在北京工商大学文科实践中心开展的系列实践实验教学改革背景下,中心教师在有关领导的大力支持下,本着"向管理实践学习、向一流企业学习"的求真、务实态度,走出校门,与易通交通信息有限公司相关人员在企业原有《物流管理信息系统》软件的基础上,结合物流教学规律,合作开发了《第三方物流仿真与实践》课程及系列教材,本课程通过仿真实验设计,模拟物流作业全过程,让学生在校内实训场所完成一系列物流操作,从而得到全方位的训练,以满足实践教学的需要,为首都及周边地区运输(物流)企业、生产制造企业,培养出掌握先进物流理论知识,具备实际操作能力的中、高等级技术人才和管理人才做力所能及的贡献。

本课程内容包括九个教学单元。分别是:(1)感悟与认知:第三方物流;(2)第三方物流公司仿真架构;(3)仓储信息化管理演示实验;(4)仓储业务仿真实验;(5)运输信息化管理演示实验;(6)运输业务仿真实验;(7)第三方物流业务仿真实验;(8)创新实验;(9)实践报告。

本教材得以顺利出版,得到了北京工商大学教务处、经济管理实验中心秦艳梅教授及易通交通信息有限公司有关领导的大力支持,得到了经济科学出版社王东岗编辑的鼎力相助,在此表示深深的谢意!同时,本教材的出版也得力于所有参编人员的辛勤劳动,参加本教材的编写人员有:卢奇、张光、张静、张元虹。此外,在教材编写过程中,北京工商大学赵学凯老师给予本书大量指导,易通交通信息有限公司的赵争、胡建辉、李峰、刘利敏等在技术支持方面作了大量工作,在此一并表示感谢!

由于编写文科实践系列教材对我们来说还是一种尝试,书中的纰漏疏忽之处在所难免,恳请读者批评指正。

编者
2007年7月22日

目录

第三方物流仿真与实践
Contents

实践准备篇 1

1 感悟与认知：第三方物流 2

    1.1 课程入门　2
    1.2 感悟物流　3
    1.3 认知第三方物流　8
    1.4 仿真实验导入　14
    【思考与创新】　14

实验训练篇 15

2 第三方物流公司仿真架构 16

    2.1 组织机构仿真设计　16
    2.2 部门设置与职能　18
    2.3 角色（岗位）职责与权限　19
    2.4 公司资源配置　21
    【思考与创新】　21

3 仓储信息化管理演示实验 22

    3.1 仓储业务案例导入　22
    3.2 仓储业务信息化管理流程　24
    3.3 角色扮演与操作演示　25
    【思考与创新】　60

4 仓储业务仿真实验 61

    4.1 仓储业务仿真实验项目   61
    4.2 实验报告   75
    【思考与创新】   79

5 运输信息化管理演示实验 80

    5.1 运输业务案例导入   80
    5.2 运输业务信息化管理流程   82
    5.3 角色扮演与操作演示   83
    【思考与创新】   102

6 运输业务仿真实验 103

    6.1 运输业务仿真实验项目   103
    6.2 实验报告   115
    【思考与创新】   119

7 第三方物流业务仿真实验 120

    7.1 第三方物流业务案例导入   120
    7.2 第三方物流信息化管理流程   122
    7.3 角色扮演与协同训练   123
    7.4 实验报告   128
    【思考与创新】   133

8 创新实验 134

    【思考与创新】   134

实践总结篇 135

9 实践报告 136

参考文献 154

1 感悟与认知：第三方物流

【实践目的】

本单元为《第三方物流仿真与实践》课程开篇，主要目的是使学生了解本门课程的总体教学设计，明确教学目标、教学环节和教学基本要求，并采用多媒体课件、教学沙盘等新颖的教学手段向学生充分展示物流、第三方物流及物流信息管理系统相关知识，引发学生对本门课程的学习兴趣，并为以后各单元的实验训练作好知识与心理准备。

【实践内容】

本单元包括4个教学环节，即1.1课程入门；1.2感悟物流；1.3认知第三方物流；1.4仿真实验导入。

1.1 课程入门

1.1.1 课程特色

本门课程是以教师的演示为指导，以学生的实验训练为主体，学生和教师共同参与教学活动的一门实践课，与传统的课堂理论教学授课形式相比，本门课程的主要特色包括：

（1）仿真式实验教学模式。通过场景布置、组织机构仿真和业务仿真，使学生犹如置身于一个真实的第三方物流公司，在教师的指导下，完成课程设定的各项实验训练。

（2）角色扮演，合作训练。按照公司组织机构进行岗位划分，设定不同角色，学生通过角色扮演与体验、团队合作等全过程参与教学活动，使学生在学习过程中获得真实工作的体验，从而调动和激发学生学习的潜能和积极性。

（3）创新性实验教学环节设计。在学生熟悉和完成基本业务流程训练后，由学生组建不同的物流分公司进行业务运作，充分发挥学生的自主性和创造性。

（4）综合性实验教学考核方法体系。根据实验教学特点，将阶段性实验报告、实践报告和期末笔试相结合，建立综合性的实验教学考核方法体系。

1.1.2　课程体系与教学安排

各单元的教学内容及教学安排如下表所示：

模块	教学单元	教学内容	学时分配
Ⅰ	实践准备		
	1	感悟与认知：第三方物流	3
Ⅱ	实验训练		
	2	第三方物流公司仿真架构	3
	3	仓储信息化管理演示实验	3
	4	仓储业务仿真实验	3
	5	运输信息化管理演示实验	6
	6	运输业务仿真实验	3
	7	第三方物流业务仿真实验	3
	8	创新实验	3
Ⅲ	实践总结	9　实践报告	3
复习考试		—	4
学时总计		—	34

1.1.3　课程基本要求

本门课程要求教师与学生相互配合，在课堂计划学时内完成若干个实验操作训练。教师与学生在本门课程中分别承担不同的任务，教师的任务包括：课堂组织、重要知识点讲授、岗位权限及角色分配、演示指导等；学生的任务包括角色扮演、合作训练、创新实验等。

本门课程要求主讲教师具有敬业奉献精神，同时要有一定的组织能力，并依据考核标准对参训学生作出客观公正的评价。每次受训学员不宜过多，一般以45人左右为宜。在有条件情况下，应为主讲教师配备一名助教。

对参加训练的学员的基本要求：一是积极参与；二是主动思考；三是自主创新。

1.2　感悟物流

 ### 1.2.1　什么是物流

物流是"物品从供应地向接收地的实体流动过程。根据实际需要，将运输、储存、装卸搬运、包装、流通加工、配送、信息处理等基本功能实施有机结合"。[①] 物流各功能要素

---

① 中国，2001年公布的《中华人民共和国国家标准物流术语》。

间的相互关系如下图所示：

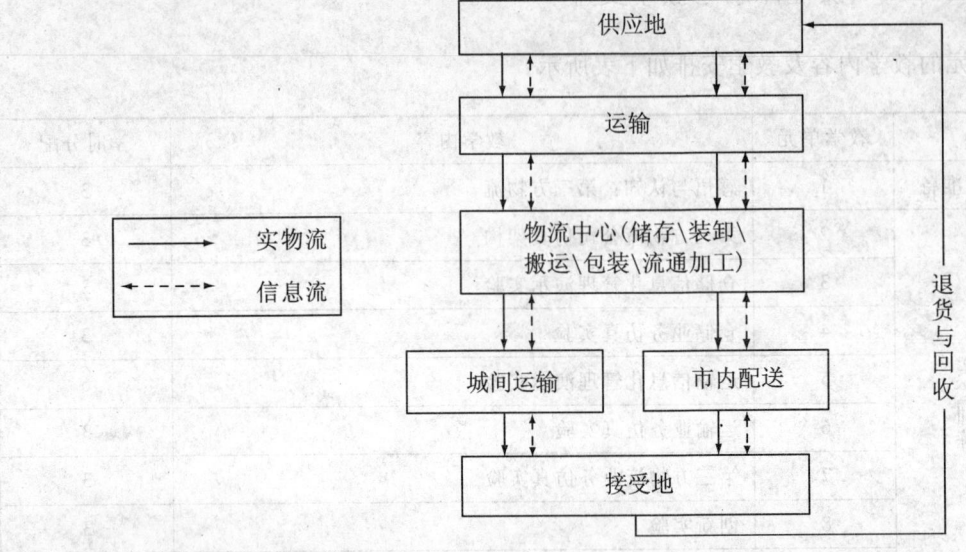

根据上述定义，物流概念的内涵包括：

（1）物流的研究对象是贯穿流通领域和生产领域的一切物料流以及有关的信息流，研究目的是对其进行科学规划，管理与控制，使其高效率、高效益地完成预定的服务目标。

（2）物流是物品物质实体的流动。任何一种物品都具有二重性：一是自然属性，即它有一个物质实体；二是社会属性，即它具有一定的社会价值，包括它的稀缺性、所有权性质等。物品物质实体的流动是物流，物品社会实体的流动是商流。

（3）物流是物品由供应地流向接受地的流动，即它是一种满足社会需求的活动，是一种经济活动。不属于经济活动的物质实体流动，不属于物流的范畴。

（4）物流包括运输、仓储、装卸搬运、包装、流通加工、配送以及物流信息处理等基本功能活动。

（5）物流包括空间位置的移动、时间位置的移动以及形状、性质的变动，因而通过物流活动，可以创造物品的空间效用、时间效用和形质效用。

通过运输、搬运、装卸等克服供需之间的空间距离，创造物品的空间效用；通过储存、保管克服供需之间的时间距离，创造物品的时间效用；通过加工及包装等改变物品的形状、性质，创造物品的形质效用。

正确理解物流概念，不仅需要把握其本质内涵，同时还需要了解其外部边界即物流概念的外延。即把物流这一社会经济现象放在更广阔的社会化大生产的背景中进行考察，毋庸置疑，物流是商品流通的重要组成部分。商流、物流、资金流与信息流是商品流通的不同运动形式，彼此结合，才能有效地实现商品流通活动。其中，商流是指商品所有权的转移活动，而物流是指实物从供给方向需求方的转移，也即实现物的流转过程。资金流可以认为从属于商流；而信息流则分别从属于商流和物流，因而，从本质上说，商品流通实际是由商流和物流两方面组成的，流通活动要顺利进行，商流、物流、资金流与信息流缺一不可。

1.2.2 物流过程沙盘展示

物流系统内部各功能要素间的相互关系及物流系统与外部社会环境系统间的相互关系将通过物流园区教学沙盘进行展示。物流园区教学沙盘总体设计思路是将整个沙盘各个场景、区域的设置按照产品在供应链上的传递来顺次流转，原材料通过水运、空运、陆运的方式实现运输，包括在集装箱堆场对货物进行分拨、拼装、拆箱等，国际物流还需进行一些出入关手续的办理；经过几种运输方式的运输，货物流转到流通加工区域进行简单的加工处理、包装存储；最终经过配送环节递送到消费者手中。如下图所示：

物流园区教学沙盘整体由九大功能区组成，即空港区、码头、集装箱堆场、保税区、集散中心、政府办公区、货运火车站、物流中心和生活区。各功能区作用如下：

（1）空港区。空港担负着航空运输的重要职能。作为一个国际性的综合物流园区，空港区是重要的与外界进行贸易的平台。

（2）码头。海运也是对外经济中重要的运输方式之一。码头作为整个物流园区中对外贸易联系的主要平台，对于吸引国外的诸多贸易企业的进驻有积极的推动作用。

（3）集装箱堆场。集装箱堆场包括集装箱拆拼区、存放区、加工区、集装箱中转区、散杂区等，主要供货物出入境之前的集合存放。

（4）保税区。保税区享受国家赋予的最优惠政策，由国务院批准，海关监管。保税区内由一些跨国的国际贸易经销企业和进出口加工企业构成。完成一些出口加工、保税仓储以及与此主体功能相关的运输、包装、整理和货运代理等业务。主要实现国际中转、货运拆拼、国际采购与配送及仓储展示等功能。

（5）集散中心。集散中心以存储区为主，是以存放货物、从事商品保管功能为主要目的，具备很强的存储能力。它可以实现对有关物资的储备，保持企业对生产、销售、供应等活动的调节作用。在沙盘模型中根据存储货物的需求不同设计了普通仓库、冷藏库、特种仓库；根据仓库的建筑结构差异设计了封闭式仓库（库房）、半封闭仓库（货棚）、露天式仓库（货场）等。

（6）政府办公区。该区域将物流活动中所涉及到业务部门及相关政府职能部门汇集于此。现代化的物流不仅是狭义上的人、车、货之间的运输、搬运、传递；更是现代化的物流管理系统及电子信息技术的结合与应用；同时，一个物流园区的规划和建设离不开政府政策的支持。所以在物流园区中设计有企业研发大厦和信息中心，负责整个物流园区的电子信息技术的维护和建设、新技术的研发等工作。同时设置有政府职能部门为园区的发展提供政府决策支持。

（7）货运火车站。该区域作为物流园区货物集散中转作业场所，是衔接不同地区和城市内外货物交流的枢纽。

（8）物流中心。该区域集中了各具特色的物流公司及企业。其中，现代化的停车场的设置是物流中心的重要组成部分。同时，为了进一步满足园区内商户需求，在该区域内还设置了信息部、小型货代企业等，并配备有一些衍生服务设施和服务部门，例如：加油站、洗车房、修理厂、餐饮、住宿、娱乐设施等。

（9）生活区。即消费区。考虑到物流活动中货物最终要流转到消费者手中，所以消费区是整个物流活动的最终集结点。

物流园区教学沙盘将所有的物流园区类型、物流活动场景及物流园区中典型的设施设备进行浓缩展示，其中空港区、集装箱堆场、保税区体现了国际型物流园区的功能；几种运输方式的汇集和加工区域、配送区域的设置体现了区域型物流园区的特点；最终生活消费区的设置体现了市域配送型物流园区的功能。

1.2.3 物流的起源与发展

"物流"一词源于国外，最早出现于美国。1915年美国学者阿奇·萧在《市场流通中的若干问题》一书中提到"物流"一词，并指出："物流是与创造需求不同的一个问题。"同时提到："物资经过时间或空间的转移，会产生附加价值。"

20世纪30～40年代，受到产品增生和销售渠道扩大的影响，使得在西方市场营销理论中，"实物供应（Physical Supply）"、和"实物配送（Physical distribution）"的概念得到广泛运用，这成为物流概念的早期形式，其内涵是指产品离开生产线以后的包装、运输、装卸搬运、保管、流通加工及信息传递等。

第二次世界大战期间，随着运筹学、管理学、系统工程等科学的发展，围绕战争供应，将战争时期物资生产、采购、运输、配给等活动作为一个整体进行统一布置，系统规划，以求战略物资补给的费用更低、速度更快、服务更好的后勤管理（Logistics Management）思想得到进一步发展和完善。

50年代大批量生产的发展，导致生产成本下降，流通成本相对上升。为了降低其中的物流成本，在经济领域内引进军事后勤研究成果，从整体研究物流，发现各物流活动的系统属性，从而界定了物流系统，形成了物流科学。这时的"后勤（Logistics）"又有"商业后勤"、"流通后勤"的提法，包含了生产过程和流通过程的物流，因而是一个包含范围更广泛的物流概念。

自物流概念产生以来，物流产业在世界范围内迅速发展。迄今为止，世界物流产业的发

展大致经历了五个时期,各时期主要特点如下:

(1) 史前期:20世纪以前,有物流活动但无物流概念;

(2) 萌芽期:20世纪初至50年代,以系统观念和方法研究军事后勤;

(3) 形成期:20世纪60至70年代,解决流通领域成本问题,P.D (Physical distribution) 和 Logistics 混用;

(4) 发展期:20世纪70至80年代,系统领域扩大,时代要求变化,Logistics 代替 P.D;

(5) 整合期:20世纪90年代至今,信息技术迅速发展。信息化、网络化、智能化成为新时代物流的特征。

1.2.4 物流产业发展影响因素

在物流产业发展的过程中,有几个重要的因素值得我们关注:

第一,经济因素。物流活动从本质上说,是以交换为基础的社会经济生产的基础性活动。经济生产的目的是为了交换,如果将产品流水线看成是一个生产的例子的话,那么产品离开流水线之后,在到达消费者之前,必然发生运输、仓储、流通加工、包装、配送等活动,这些活动的综合我们称之为物流活动。

在大规模的工业化生产时期,物流活动并没有引起人们足够的重视。那时对大多数企业来说,产品供不应求,企业只要以生产为中心,不断扩大生产规模,就能赚取巨额利润。而根本无须考虑产品的花色、品种、式样等。并且销售渠道也比较固定和单一。而当生产逐步发展,产品日渐丰富,人们的选择多样化了,人们不仅要求产品经济实用,而且要求产品具有美观、多功能等效果,因而使产品的花色品种不断增加,销售渠道不断扩大,这一方面使得产品配送需求增加;另一方面也使流通费用不断攀升,此时,人们开始关注流通领域内发生的与市场营销、推销等概念不同的另一类活动,即物流活动,以期通过物流管理与组织,提高流通效率,降低流通领域内的成本。因而,经济需求促使了物流活动的产生。

此后,随着人类经济生产能力的不断提高,从简单的手工作坊式的生产到大规模的生产流水线,再到现代以满足顾客需求为目标的个性化、多品种、小批量生产模式,物流概念的内涵与外延不断拓展,经济因素始终是影响物流发展的决定性因素。

第二,军事因素。现代"物流"概念的另一来源是军事方面。Logistics(军事后勤)的物流思想是在第二次世界大战期间得以形成和发展的。同时,这一期间多门应用学科的发展如系统学和运筹学的发展,为现代物流学的发展奠定了基础。

第三,信息技术的发展与应用。传统物流各环节信息化程度低,信息沟通不畅,造成库存大,运力浪费。由于计算机信息技术应用,现代物流过程的可见性明显增加,物流过程中库存积压、延期交货、送货不及时、库存与运输不可控等风险大大降低,从而加强了供应商、物流商、批发商、零售商在组织物流过程中的协调与配合,以及对物流全过程的控制。

物流信息技术的发展不仅拓展了获取物流信息需求的新途径,用网络等信息技术来交换有关物流信息也成为企业获取物流活动所需要的信息的有效途径。为了降低物流成本,提高物流效率,我国物流行业已经达成共识,必须充分利用信息技术,大力发展现代物流,让"信息流"主导"物品流",通过信息化来实现"物流"的准确配置。可以说,现代物流就是"传统物流+信息化",信息化成为现代物流的灵魂和关键。

1.3 认知第三方物流

1.3.1 什么是第三方物流

第三方物流（The Third Party Logistics，简称 TPL 或 3PL）是由供方与需方以外的物流企业提供物流服务的业务模式。它是物流服务专业化、一体化的产物，是物流理论与实践不断深入发展的结果。第三方物流运作模式如下图所示：

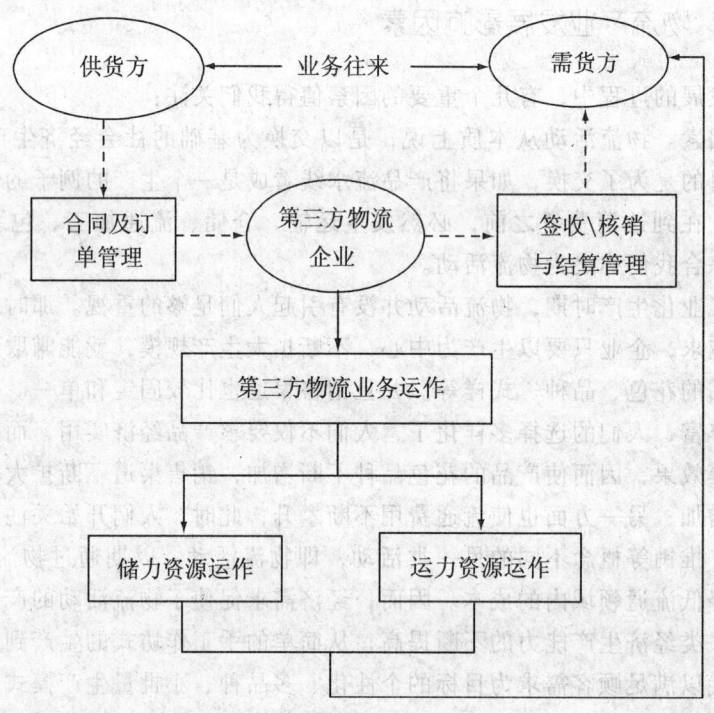

第三方物流运作过程主要包括：

（1）合同及订单管理。即第三方物流企业与委托客户（供货方）通过合同签定长期服务协议并接受订单后，根据委托客户的需求提供基于供应链管理的全程物流解决方案。

（2）第三方物流业务运作。即第三方物流企业通过信息化管理进行业务运作，主要包括储力资源运作和运力资源运作。

（3）签收、核销与结算管理。即第三方物流企业按照订单要求将货物准确、及时地送达需求方，需求方签收后返回第三方物流企业进行核销与结算管理。

20 世纪 90 年代以来，第三方物流作为一种新兴的事业形态和物流管理模式，在全球范围内迅速发展，引起了广大企业界和理论界的关注，与传统的仓储企业或运输企业所提供的物流服务相比，第三方物流企业所提供的物流服务具有以下特征：

第一，是合同导向的一系列服务。第三方物流有别于传统的外协，外协只限于一项或一系列分散的物流功能，如运输公司提供运输服务、仓储公司提供仓储服务等。第三方物流虽然也包括单项服务，但更多的是提供多功能、甚至全方位的物流服务，它注重的是客户物流体系的整体运作效率与效益。同时，第三方物流是根据合同条款的要求，而不是客户的临时需求，提供规定的物流服务。

第二，是个性化物流服务。第三方物流企业提供物流服务是从客户的角度考虑，为客户提供定制化的服务。从这个角度来看，第三方物流企业与其说是一个专业物流公司，不如说是客户的一个专职物流部门，只是这个"物流部门"更具专业优势和管理经验。

第三，要求需求方与供应方之间建立长期的战略合作伙伴关系。第三方物流企业不是储运公司，也不是单纯的速递公司，而是客户企业物流领域的战略同盟者。在服务内容上，它为客户企业提供的不仅仅是一次性的仓储、运输或配送服务，而是一种具有长期契约性质的综合物流服务，最终职能是保证客户企业物流体系的高效运作和不断优化供应链管理。与传统仓储、运输企业相比，第三方物流提供的服务范围不仅仅限于仓储、运输业务，它更加注重客户企业物流体系的整体运作效率与效益，供应链的管理与不断优化是它的核心服务内容，它的业务触及到客户企业销售计划、库存管理、订货计划、生产计划等整个生产经营过程，远远超越了与客户企业一般意义上的买卖关系，而是与客户企业紧密地结合成一体，形成了一种战略合作伙伴关系。从长远看，第三方物流的服务领域还将进一步扩展，甚至会成为客户经营企业销售体系的一部分，它的生存与发展必将与客户企业的命运紧密地联系在一起。

第四，以现代信息技术为基础。信息技术的发展是第三方物流出现和发展的必要条件。现代信息技术实现了数据的快速、准确传递，提高了仓库管理、装卸运输、采购订货、配送发运、订单处理的自动化水平，使订货、包装、保管、运输、流通加工实现一体化，客户企业可以方便地使用信息技术与物流企业进行交流和协作，企业间的协调和合作有可能在短时间内迅速完成。

1.3.2 第三方物流的形成

第三方物流是物流理论与实践发展到一定阶段的产物。从历史发展来看，人类历史上曾经有过两个大量提供利润的领域。第一个是在物质资源领域，起初是大自然提供的廉价原材料、燃料，其后则是依靠科技进步，节约消耗、节约代用、综合利用、回收利用、资源再生乃至大量人工合成资源而获取，如此所取得的利润，习惯称之为"第一个利润源"。

在人力资源领域，最初是廉价劳动，其后则是依靠科技进步采用机械化、自动化、信息化的办法来提高劳动生产率，降低人力消耗从而降低成本，增加利润，这个领域习惯称作"第二个利润源"。

当生产进一步发展，生产企业的利润中心由物质资源领域转向人力资源领域，再由人力资源领域转向物流领域时，第三方物流也就应运而生了。即通过供应链的建立和优化，通过物流外包，可以有效降低运输、配送、分销、装卸、搬运、仓储和生产过程中的物流费用，从而降低成本，增加利润。这种在物流领域内所挖掘的利润源，按时间序列排为"第三个利润源"。

美国著名管理学者 P.F. 德鲁克说，物流是经济领域里的"黑大陆"，这句话隐喻着物流是生产企业降低成本的一个重要领域。经验证明，物流在企业生产成本中占有较高的比例，大约在 10%~35% 之间，起着"成本中心"的作用。

第三方物流企业的形成可以是生产企业为集中精力搞好主业，把原来属于自己处理的物流活动，以合同方式委托给专业物流服务企业，以提高效益，降低成本；也可以是在小型的储运企业的基础上,为适应社会化物流服务的需求,而逐渐发展成独立的第三方物流公司。一方面,社会物流服务企业通过生产企业物流的"外包",采用生产企业不具备的专业化、大规模、灵活反应的物流手段,保证生产企业核心竞争能力的充分发挥,从而提高客户的盈利能力,这是"第三个利润源"的主体;另一方面,社会物流服务企业通过本身专业物流的核心生产力,可以向客户提供基本的、定制的、增值的物流服务,从而取得让渡性的或者增值性的利润,而使自己成为"利润中心",这也是"第三个利润源"的一个重要方面。

1.3.3 第三方物流基本业务流程

第三方物流基本业务流程包括委托受理、集货、仓储管理、运输调度、运输监控、签单与核销、结算管理等七个业务环节。

1.3.3.1 委托受理

根据委托客户提出的委托申请,判断该业务是否属于自身经营服务范围,并与委托客户达成委托物流服务意向,签定委托协议。具体包括:

(1) 业务委托。委托客户企业填写发货单,并向第三方物流公司提出业务委托,邮寄委托单。

(2) 报价与询价。第三方物流公司根据委托书报价,查询相关业务报价,并根据自身业务范围,决定是否接受委托。

(3) 委托确认。第三方物流公司经确认后接受委托,并在委托书上签字。

(4) 返单。第三方物流公司发送发货单给收货客户;收货客户确认并将发货单返回到第三方物流公司。

(5) 预付款结算。第三方物流公司接单并确认应收款项后,委托客户企业向结算中心支付合同签定比例的预付款,代理运输保险事宜并支付约定比例的保险金。

(6) 委托生成。委托书生效后,委托转达至提货调度,并与提货调度确认提货时间。

1.3.3.2 集货

根据客户委托要求,将客户分散在各地库房的货物集中到物流中心库房以备分拣、储存、装车等需要。具体包括:

(1) 车辆调度。调配适合的车型及人员,安排行使路线,保证车型及人员按时到达提货地点。

(2) 备货。按委托客户要求对货物进行打包、分装、组配等备货作业。

(3) 提货。运输人员执单前往指定仓库提货,指定仓库负责按单装卸出货,完成后签单。

(4) 交货。按要求将货物及时、准确地送达集货地仓库,并办理交接手续。

1.3.3.3 仓储管理

按照客户委托要求进行货物入库、出库、储存、保管或分拣、加工等作业。具体包括:

(1) 入库。根据单据办理相关入库手续;检查入库货物是否符合要求,包括品名、数量、货物包装等;检查入库手续是否齐全、有效;检查账、物是否相符。

(2) 出库。根据单据办理相关出库手续;检查出库货物是否符合要求,包括品名、数量、货物包装等；检查出库手续是否齐全、有效；检查账、物是否相符。

（3）库内作业。按仓储管理要求，对货物进行分类、分区管理；定期对货物进行整理、盘点，做到账、物相符；对货物进行分拣、搬移或码放货物至指定位置。

1.3.3.4　运输调度

根据客户订单要求，进行车辆调度，并形成运单或路单的过程。具体包括：

（1）根据货物及运输时限等要求，调配适合装载货物的车辆。
（2）检验承运车辆及驾驶人员携带的证件是否齐全、有效。
（3）货物出库后配载装车。
（4）将运单转化为路单。

1.3.3.5　运输监控

对运输途中的货物进行实时跟踪记录。具体包括：

（1）与在途车辆保持联系，掌握车辆运输状况，并做好跟踪记录。
（2）向客户反映货物在途状况。
（3）协助处理运输途中的异常情况，并详细记录。

1.3.3.6　签单与核销

实现客户对货物的确认处理，并对车辆的运营情况进行核销。具体包括：

（1）按运单要求，将货物送达至收货客户。
（2）与收货客户共同清点货物的种类、数量，并办理交接手续。
（3）检查客户在单据上的签收情况并记录。
（4）及时反馈并处理签收单上客户所写的异常情况。
（5）签收单据应及时返回至有关业务部门。
（6）核销车辆的空驶里程、燃油实际消耗、机油实际消耗。

1.3.3.7　结算管理

实现对仓储、运输费用的管理。具体包括：

（1）仓储应收款结算。
（2）运输应收款结算。
（3）仓储应付款结算。
（4）运输应付款结算。

1.3.4　第三方物流信息管理系统开发与架构

第三方物流管理信息系统是在对第三方物流企业运作模式进行详细调研及需求分析的基础上，结合第三方物流管理理念，以第三方物流业务流程为核心、以物流信息技术为依托开发的第三方物流企业信息管理的人机系统。具有运输、仓储、装卸、搬运等物流信息的收集、存储、加工、转换及辅助决策的功能。第三方物流信息管理系统开发流程如下图所示：

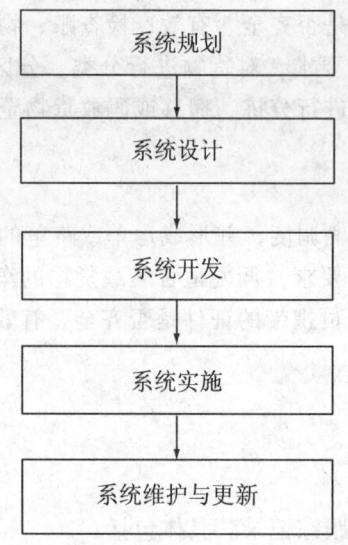

（1）系统规划：是在双向沟通的基础上，对需开发的物流管理信息系统从总体上进行功能与结构分析、规划与设计。

（2）系统设计：是在总体规划的指导下，对总体规划的进一步细化和具体化。包括总体设计和详细设计。

（3）系统开发：是把信息系统设计转换成计算机可以接受的程序的过程。

（4）系统实施：是将开发的程序在客户或使用方进行安装、测试的实施过程。

（5）系统维护与更新：是系统安装后的日常维护与升级，以保证系统的运行效率及系统的可靠性等。

第三方物流信息管理系统采用三层体系架构，即在客户端与数据库之间加入一个"中间层"，也叫组件层。三层体系的应用程序将业务规则、数据访问、合法性校验等工作放到了中间层进行处理。通常情况下，客户端不直接与数据库进行交互，而是通过 COM/DCOM 通讯与中间层建立连接，再经由中间层与数据库进行交互。

所谓三层体系架构，不是指物理上的三层，而是指逻辑上的三层，其结构如下图所示：

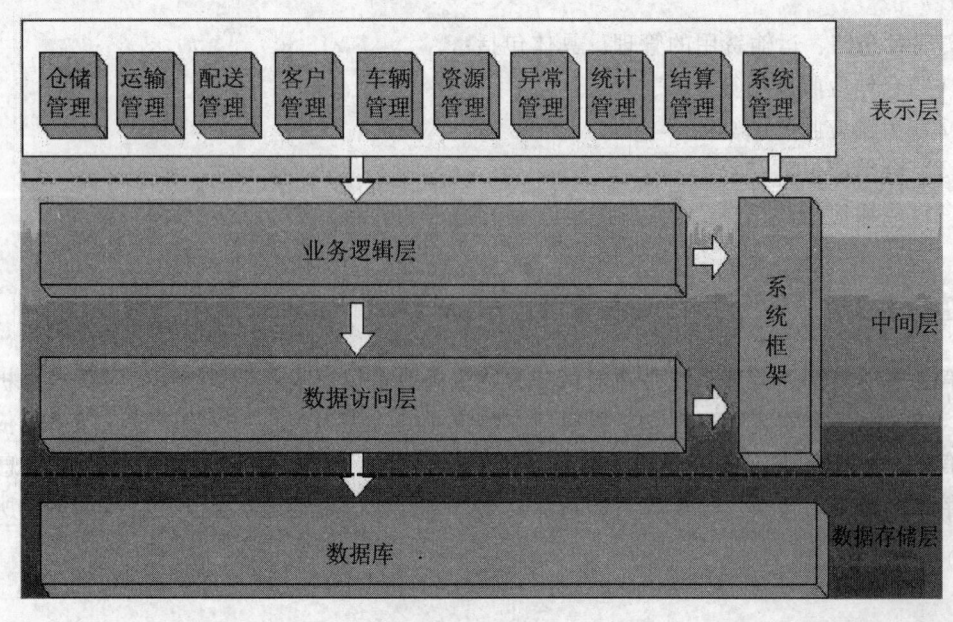

Web 应用服务器在第二层次，它可以提供稳健、安全、高效的应用环境和连接机制，使客户端与后端的数据源和交易系统紧密连接和集成。Web 应用服务器的主要功能包括：
（1）为应用程序提供各种服务。
（2）程序加载、程序启动、内存管理、负载平衡、出错恢复及强大的应用管理功能。
（3）高性能地处理大量并发访问，及时快速响应。

1.3.5 第三方物流信息管理系统功能结构

在本教学系统中，开发完成后的第三方物流信息管理系统基本功能是通过以下功能模块来实现的。如下图所示：

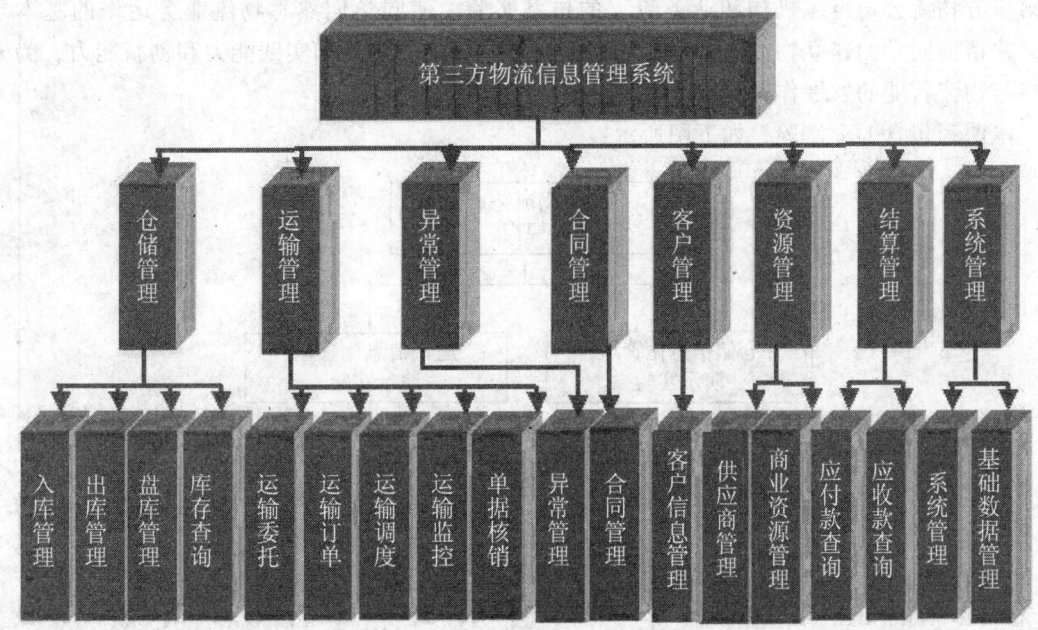

第三方物流信息管理系统共分为八个子功能模块，即系统管理、资源管理、客户管理、合同管理、异常管理、仓储管理、运输管理与结算管理。

其中，系统管理功能模块是对系统基础数据进行设置与维护。包括分支机构、系统角色、系统用户、业务项目、基本参数及基础数据等的设置、授权与维护。

资源管理功能模块是对第三方物流企业的储力资源（库房）和运力资源（车辆）进行有效管理与维护。

客户管理功能模块是用于建立和维护基础客户信息的系统，经过维护后的客户信息具有标准的信息结构，可以在整个物流系统中被重复调用。

合同管理功能模块是对第三方物流公司与客户企业签订的合同文本进行有效管理。

异常管理功能模块是对第三方物流企业仓储及运输过程中发生的异常情况进行管理。

仓储管理功能模块是第三方物流企业用于管理仓库货物信息的系统，它能够有效的反映客户的货物信息；严格对库存货品的收、发、存、调、盘等操作提供全面的管理和控制，跟踪货品的转移过程；快速的查询入库、存货、出库的货物记录，实现供应链管理与核心业务的整合。

运输管理功能模块是一个用于管理运输资源、运输任务和货物运输跟踪的系统。运输管理是物流管理的主要内容，不断地改进管理方法，降低运输成本和运输费用，优化运输路线，保证准时交货，是实现物流过程的适时、适量、适地的高效运作的关键。

结算管理是对第三方物流企业的应收、应付款项进行管理。可以在仓储系统和运输系统中进行维护。物流系统的结算不仅仅只是物流费用的结算，在从事代理、配送的情况下，物流服务商还可以替货主向收货人结算货款等。

1.4 仿真实验导入

物流是一门系统性、综合性和边缘性的学科，有关物流的系统理论知识还需要同学们在相关的课程中进行学习。同时物流也是一门实践性和应用性很强的学科。本门课程旨在通过对第三方物流公司组织机构和业务流程的仿真实验，使同学们熟悉物流业务运作的基本环节，并帮助同学们建立物流业务运作的整体概貌，以增强自身的实践能力和创新能力，为未来参与物流行业的发展作好基本准备。

本课程包含七个实验，如下图所示：

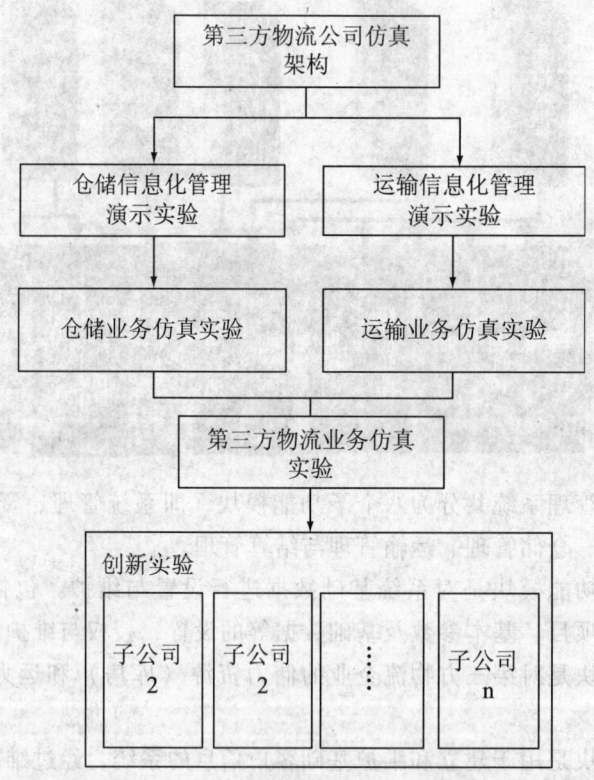

【思考与创新】
1. 经济因素是如何影响物流产生与发展的？
2. 如何理解物流综合性、交叉性、系统性、应用性的学科特点？
3. 如何理解物流定义的内涵？
4. 什么是第三方物流？
5. 第三方物流信息系统各层次间的相互关系？
6. 物流园区的主要功能是什么？

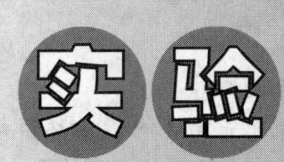

实验训练篇

2 第三方物流公司仿真架构

【实验目的】

本单元为前导性训练,即以实际的第三方物流公司为原型,模拟构建 BTBU 联合物流公司。通过场景布置、组织机构设计、部门职能与角色(岗位)设置等,仿真第三方物流公司的真实工作场景;并通过角色权限划分,使学生明晰组织机构及部门角色的真实含义,以使学生在后期的实验操作中,清晰了解所担当的角色职责,选择正确的业务流程进行实践体验。

【实验内容】

本单元由 4 个教学环节组成,即:2.1 组织机构仿真设计;2.2 部门设置与基本职能;2.3 部门角色(岗位)设置及权限划分;2.4 公司资源配置。

2.1 组织机构仿真设计

2.1.1 何谓组织机构?

所谓公司组织机构,是指公司内部组织按分工协作关系和领导隶属关系有序结合的总体。组织机构是保证企业业务活动正常开展的基础,也是企业进行信息化建设的基础。合理的组织机构及权限划分使企业管理人员在各自的岗位上能够各司其职,协同工作,高效率地完成企业的组织目标。

组织机构设计的基本内容包括:明确组织机构的部门划分和层次划分,以及各个机构的职责、权限和相互关系,由此形成的一个有机整体。不同部门及其责权的划分,反映了组织机构之间的分工协作关系,称为部门机构;不同层次及其责权的划分,反映了组织机构之间的上下级或领导隶属关系,称为层次机构。

2.1.2 组织机构设计的基本原则

第三方物流企业的经营模式和业务范围千差万别,有多种形式的组织机构可供选择,如直线制、职能制、直线职能制等。但组织机构设计的总体原则是有利于企业业务发展,并适合企业自身特点。具体来说，其基本原则包括：

2.1.2.1 精简原则

精简原则是指企业经营管理的各类机构的组建，应同企业的经营规模和经营任务相适应。它要求机构设置精简的管理层次，压缩管理人员的编制。

2.1.2.2 统一原则

统一原则是指企业各部门、各环节的组织机构必须是一个有机结合的统一的组织体系，实行自上而下地逐级负责，层层负责，保证经营任务的顺利进行。

2.1.2.3 自主原则

自主原则是指企业各部门、各环节都在各自的职责范围内，独立自主地履行职能，充分发挥各级组织机构的主动性和积极性，提高管理工作效率。上级对下级在其职权范围内作出的决定不能随意否定。这一原则是统一领导和分级管理、原则性与灵活性相结合的要求。

2.1.2.4 高效原则

高效原则是指各层次、各角色（岗位）人员协同工作，低成本、优质、高效率地完成企业组织目标。

2.1.3 BTBU（北京工商大学）联合物流公司组织机构仿真设计

任何一种形式的组织机构都有各自的优缺点，在组织机构设计上不能强求一律。从我国物流企业发展现状来看，中小型物流企业居多，以下模拟设计了符合中小型第三方物流企业发展的组织机构，并按照"以流定岗"（即按照业务流程来确定角色岗位）的原则进行角色（岗位）设定。这种结构针对性强，职责直接到位，有利于提高组织效率。其组织机构及岗位设置如下图所示：

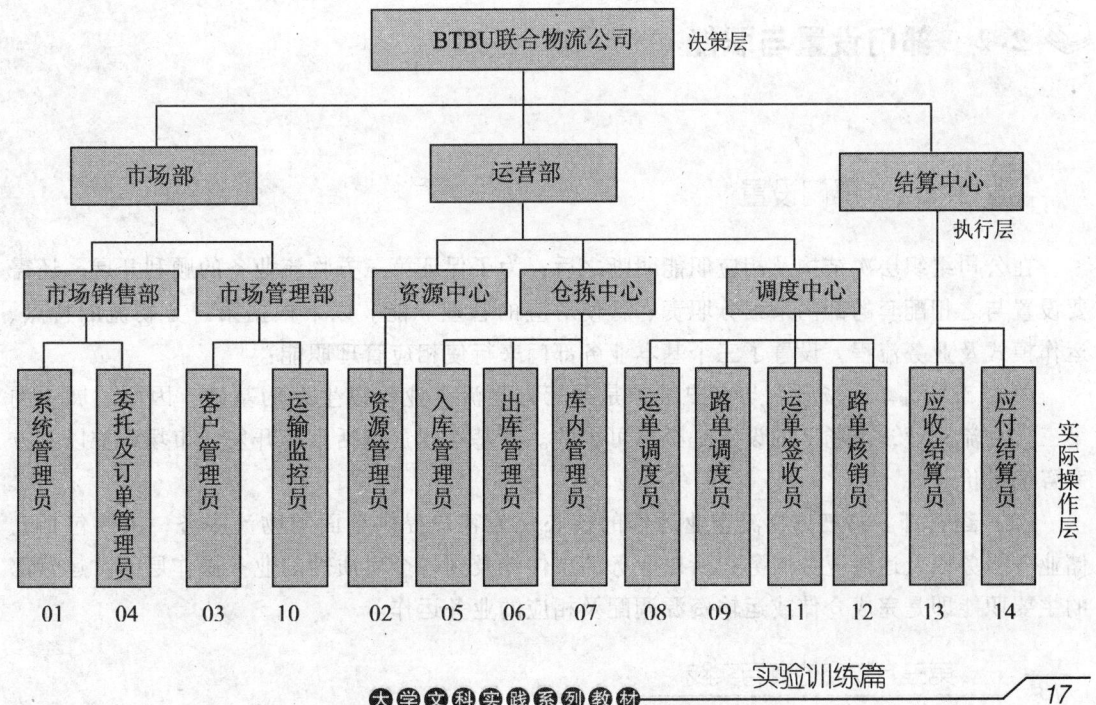

上述组织机构设计包含三个管理层次，即：决策层、执行层和实际操作层。组织机构的层次划分呈现为金字塔式，即管理层的人员较少，执行层的人员较多，实际操作层的人员更多。通常我们称管理层的管理者为高层管理者，执行层的管理者为中层管理者，实际操作层的管理者为基层管理者。如下图所示：

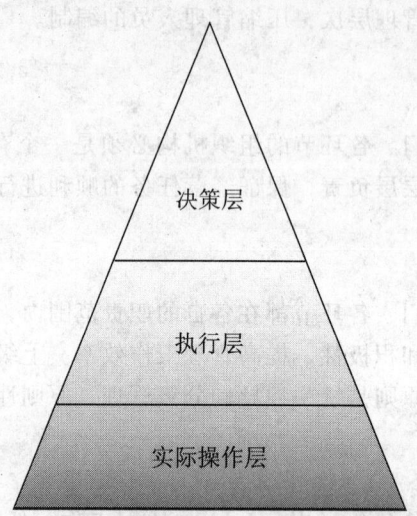

不同层次的管理者，在组织运行中履行不同的职能。高层管理者主要履行决策职能，即确定公司经营的政策方针、发展方向和规划，掌握政策，制订公司规章制度以及进行重要的人事组织及其变动等。也就是说，凡属关系到公司全局、长远发展的重大问题，凡是与外部协作和市场竞争有关的重大问题，均由高层管理者进行决策。

中层管理者是企业的中坚力量，承担着企业决策、战略的执行及基层管理与决策层的管理沟通的作用。他们的工作具有既承上启下，又独当一面的特点。

基层管理者主要履行作业执行任务，即调动和组织下属成员进行团队合作，具体执行完成生产计划和工作任务。

2.2 部门设置与职能

2.2.1 部门设置

在公司组织层次结构及相应职能明晰之后，为了保证第三方物流业务的顺利开展，还需要设置与之相配套的部门来细分职责、行使对应的管理职能。以下根据第三方物流的特点、运作模式及业务流程，设置了三个基本业务部门来行使相应管理职能：

（1）市场部。市场开发与客户维护是第三方物流企业赖以生存的基础，因而发展中的第三方物流企业，市场部的设置是必不可少的。其基本职责包括市场开发、市场维护以及方案咨询报价等。

（2）运营部。第三方物流企业运作的核心是为客户提供全面的物流服务，主要包括仓储业务服务以及运输业务服务，所以业务的主体涉及到各个实质性的业务操作层面。运营部的主要职能即是完成仓储或运输资源调配及相应的业务运作。

(3) 结算中心。第三方物流企业业务运作过程中所涉及的各个业务分支都会发生资金的收付活动，并且物流营运活动中的资金周转周期与物流的经营周期具有一致性，资金周转越快，第三方物流企业能够提供给客户的物流服务会更多。所以，在第三方物流企业中，结算中心的设置区别于普通企业的财务部门，不仅仅是一个职能型的管理部门，更多的涉及到业务运作过程中与上下游客户发生的货款应收、应付职责。

2.2.2 部门职责细分

为了进一步明晰各基本业务部门的职责与权限，对其基本职责进行细分。

(1) 市场部。细分为市场销售部和市场管理部。

①市场销售部。负责前期的市场开拓功能，包括对客户进行电话拜访和上门拜访、进行业务拓展、制作各类相应的报表；对于委托客户进行单据的录入和执行；集货完成后负责将委托单转化为订单。

②市场管理部。负责对客户基本信息和客户货物信息进行维护与管理；负责对在途货物进行监控与管理。

(2) 运营部。细分为资源管理中心、调度中心和仓拣中心。

①资源管理中心。负责对仓储供应商和承运商的管理；不断了解并提供市场的储力资源和运力资源；负责仓储、货位信息管理；负责公司车辆管理，控制并保证车辆使用成本的最低化，负责驾驶员的管理等。

②仓拣中心。负责并保证运输货物的入库、分拣、贴标签、再包装、出库、装卸等工作的高效高质的完成。

③调度中心。完成公司日常城际运输的货物运输调度安排，包括调度运单、调度路单；负责运单签收、返单及路单核销等。

(3) 结算中心。实施物流资金管理职能。负责与上、下游客户对账、结账、统计与分析工作。也可兼有财务的其他功能，如财务预算、计划和分析职能、财务监督和考核职能、会计核算、报告与财务信息披露职能、相关税务工作等。

2.3 角色（岗位）职责与权限

2.3.1 岗位描述

在部门设置及职责划分的基础上，按照"以流定岗、以岗定人"的原则设定相应角色❶（岗位）。本系统主要角色岗位包括：系统管理员（01）、资源管理员（02）、客户管理员（03）、委托及订单管理员（04）、入库管理员（05）、出库管理员（06）、库内管理员（07）、运单调度员（08）、路单调度员（09）、运输监控员（10）、运单签收员（11）、路单核销员（12）、应收结算员（13）和应付结算员（14）14 个角色（岗位），用以满足公司业务活动中所需要的人员配置。

> ❶角色：是第三方物流公司为完成物流业务而设立的主要负责岗位，同时对该岗位的权限职责做出相应的划分，同一角色可以由不同的用户承担，角色职能可以继承。
>
> 用户：是指实际操作该系统的业务员，同一个角色可以有多个用户，但其职责权限是一致的。

2.3.2 岗位职责与权限

（01）**系统管理员**。主要职责是对公司组织机构、系统角色、系统用户、项目组织、业务基本参数配置等进行设置和完善。系统管理员在整个系统中占有重要的位置，系统所有的操作基于系统管理员的设置之下，只有完善了系统管理员的设置才能进行相关业务运作和关联操作。

权限："系统管理"所有功能权限。

（02）**资源管理员**。主要职责是整合社会闲散的运力资源（车辆）和储力资源（仓库）；并对公司现有资源进行有效管理和合理利用；同时需对储力资源进行仓库货位的合理分配，以便于在仓储业务中进行库存业务管理。

权限："资源管理"所有功能权限。

（03）**客户管理员**。主要职责是对业务范围内的客户进行基本信息和货品信息的录入和管理。客户管理员在系统中与系统管理员具有同样重要的位置，所有要执行的业务操作要在建立了客户信息之后在相应的客户之下来执行，也是系统执行业务流程所必须具备的基础条件之一。

权限："客户管理"所有功能权限。

（04）**运输委托及订单管理员**。主要职责是对客户所执行的委托单和订单进行系统录入和管理。

权限："运输委托"和"运输订单"功能权限。

（05）**入库管理员**。主要职责是执行相应的入库业务。明确入库货物的明细和数量、形态、入库时间及具体地点。

权限："入库管理"功能权限。

（06）**出库管理员**。主要职责是执行相应的出库业务。明确出库货物的数量、形态和具体的库存货位。

权限："出库管理"功能权限。

（07）**库内管理员**。主要职责是对所管理的库房内所有货物进行货物的盘点，发生库存差异之后进行库存调整，以便及时调整货物的存储量，满足供给和避免浪费储力资源。

权限："库存管理"功能权限。

（08）**运单调度员**。主要职责是对运单进行调度和管理。

权限："调度运单"和"运单管理"功能权限。

（09）**路单调度员**。主要职责是对路单进行调度和管理。

权限："调度路单"和"路单管理"功能权限。

（10）**运输监控员**。主要职责是对在途货物进行跟踪与反馈。在运输过程中客户更多关注的是货物的运行情况和存储状态。这一岗位角色的设置可以很好地解决客户的需求，同时也满足企业自己的业务所需，及时调整运力资源。

权限："在途跟踪"和"跟踪记录查询"功能权限。

（11）**运单签收员**。主要职责是按照相关约定，在运输业务结束后进行运单签收处理。

权限："签单处理"功能权限。

（12）**路单核销员**。主要职责是对运输过程中车辆的成本费用进行核算和分摊。

权限："路单核销"功能权限。

（13）应收结算员。主要职责是对上游客户应该收取的相应仓储、运输和配送费用的统计、定价和核收工作。

权限："应收款"功能权限。

（14）应付结算员。主要职责是对下游供应商和承运商所需支付的费用的统计、定价和核收工作。

权限："应付款"功能权限。

2.4 公司资源配置

第三方物流公司组织机构框架设置完成后，为开展正常业务活动，还需整合一定数量的运输资源与仓储资源。BTBU 联合物流公司资源配置主要包括：

（1）马驹桥 1 号仓库。

（2）马驹桥 2 号仓库。

（3）良乡仓库。

（4）运输车辆若干。

【思考与创新】

1. 什么是角色？角色划分的依据是什么？
2. 角色与用户的区别如何？
3. 市场部、运营部、结算中心各自的职能如何？
4. 在进行 BTBU 联合物流公司组织机构架构时，共分为哪些角色？各自的角色职能如何？

3 仓储信息化管理演示实验

【实验目的】

本单元通过仓储客户案例导入，进行仓储业务仿真设计和业务流程分析；在BTBU联合物流公司架构的基础上，分析仓储信息化管理流程；并由教师进行角色扮演与操作演示。本单元的目的是引导学生进行角色体验，为下一单元学生分角色合作训练作好准备。

【实验内容】

本单元由3个教学环节组成，即：3.1 仓储业务案例导入；3.2 仓储业务信息化管理流程；3.3 角色扮演与操作演示。

3.1 仓储业务案例导入

3.1.1 仓储客户业务背景

北海粮油工业（天津）有限公司系中外合资企业，于1992年4月8日在天津经济技术开发区注册登记。其股东由位居世界500强之列的中国粮油食品进出口（集团）有限公司、新加坡WILMAR公司、美国ADM公司组成，注册资本5155万美元，投资总额12034万美元，占地88890平方米，目前拥有一个日处理毛油900吨的精炼厂、一个日灌装精炼油1000吨的小包装厂、一个日处理能力300吨的分提车间、一个年产18000吨的起酥油车间、一个年产100万只钢桶的制桶厂、一座3000吨级对外开放的码头、一座存储量达7万吨的油罐区，两座3000平方米的小包装成品仓库。是中国北方最大的油脂生产、加工基地之一，"福临门"及"四海"系列食用油的生产、灌装基地。福临门系列是全国第二大食用油品牌。目前，"福临门"食用油系列产品的销量位居行业前茅，该品牌成为国内食用油行业的顶尖品牌之一。

自"福临门"品牌1993年面市至今十余年间，不仅在销售上取得成功，"福临门"成为国内食用油的第二品牌，还积极开展新产品研发工作，连续推出营养油系列油种、VA系列油种和天然谷物调和油。2000年开始，经过多次投资改造，福临门生产基地年油料处理能力已突破430万吨，年精炼能力达到130万吨，拥有从榨油到精炼再到包装的完整的产业链，具备当前亚洲最大的油脂生产能力。

目前，该公司已在北京、上海、天津、西安、哈尔滨、青岛、杭州、南京、武汉、成都、广州、南宁等多个城市建立了区域管理机构，办事处、联络站等分支机构更是遍布全国各地。

［资料来源：http：//www.nogi.com.cn/index-company.htm］

3.1.2 仓储业务仿真设计与分析

北海粮油食品有限公司是北海粮油工业有限公司的二级子客户，为应对每年双节市场需求瞬间扩大，现有仓库资源不能满足需要的局面，主动派出人员与BTBU联合物流公司进行仓储业务洽谈，寻求合作；BTBU联合物流公司在对客户需求进行广泛深入的调查了解之后，决定成立北海粮油食品项目组。业务设计如下：

项目名称：北海粮油食品项目组

甲方：北海粮油食品有限公司

乙方：BTBU联合物流公司

业务设计：

1. 甲方委托乙方于××××年×月×日入库货品到BTBU联合物流公司马驹桥1号库。货品1，（福掌柜）餐饮油500件，出厂批号：2007BHFZG3，搬卸费用800元，入库费用3000元，其他费用1000元；货品2，ARO调和油600件，出厂批号：2007BHTHY3，搬卸费用1000元，入库费用4000元，其他费用800元；

2. 次日，甲方委托乙方从BTBU联合物流公司马驹桥1号库出库货品。货品1，（福掌柜）餐饮油360件，出厂批号：2007BHFZG3，搬卸费用600元，出库费用2100元，其他费用600元；货品2，ARO调和油300件，出厂批号：2007BHTHY3，搬卸费用500元，出库费用2000元，其他费用800元；

3. 因BTBU联合物流公司库房业务调整需要，对北海粮油食品有限公司货物进行**移库作业**，之后，进行盘库整理；

4. 按BTBU联合物流公司相关客房管理文件对库存货物存货量进行查询后，按北海粮油工业（天津）有限公司北京分公司客户货物最低保有量要求进行**补货业务**操作；

5. 按BTBU联合物流公司要求对北海粮油客户仓储应收、应付款项进行**结算**。

上述业务涉及到客户货品入库、出库、移库、盘库、补货以及结算等多项业务。其业务流程图示如下：

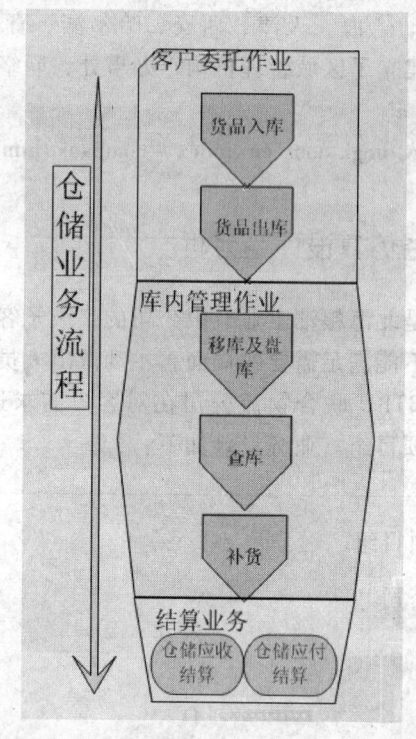

其中，货品入库是客户委托作业的一项重要内容。入库管理员需根据客户入库需求，对入库货品分别进行收、验、查等操作；同时，在信息管理系统出库委托操作模块记录相关信息。

货品出库是客户委托作业的另一项重要内容。出库管理员需根据客户出库需求，对出库货品分别进行收、验、查等操作；同时，在信息管理系统出库委托操作模块记录相关信息。

移库及盘库作业是库内管理作业的重要组成部分。货品入库后，为了满足客户随时了解其货品信息的要求，保证账物相符，库内管理员需根据业务需要及时对库存货品进行清点、移库或盘查，同时需在信息管理系统库内管理模块执行相关操作，记录并保存相关信息。

补货业务是在客户库存不能满足最低保有量时及时补充库存，是仓储管理实现以"顾客满意为目标"的重要手段。

应收结算是按照合同约定的要求，与仓储客户进行应收款项的结算。应收结算员需根据业务需要在信息管理系统结算管理模块分别执行定价、结算、审核、浏览等操作。

应付结算是按照合同约定要求，与仓储供应商或承运商进行应付款项的结算。应付结算员需根据业务需要在信息管理系统结算管理模块分别执行定价、结算、审核、浏览等操作。

3.2 仓储业务信息化管理流程

仓储信息化管理流程涉及第三方物流信息管理系统中的系统管理、资源管理、客户管理、仓储业务管理与结算管理5个子功能模块，结合仓储业务流程及角色职能，可细分为8个步骤，分别由8个角色来承担相应管理职责，并可进行多角色合作演练。上述流程图示如下：

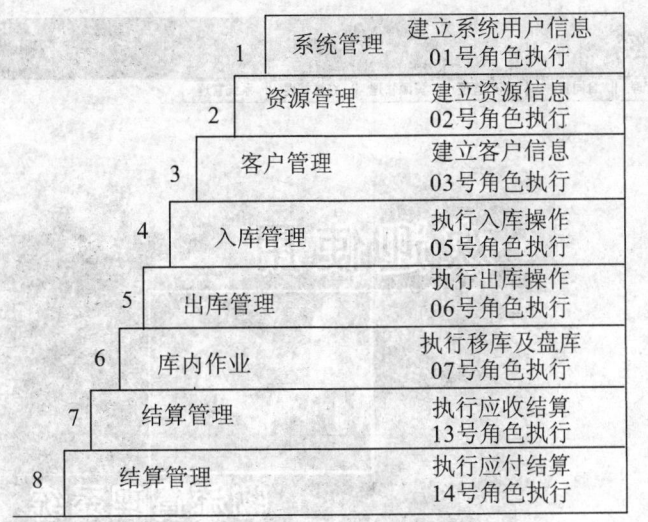

3.3 角色扮演与操作演示

为了指导学生熟练掌握仓储业务信息化管理流程，下面以北海粮油食品项目为例，由教师以不同的角色身份登录系统，并进行演示训练。

3.3.1 系统管理员操作演示（01号角色执行）

在仓储业务管理中，系统管理员的主要职责是建立仓储系统用户信息，为用户授权并进行项目管理。

3.3.1.1 系统登录

系统管理员双击"第三方物流信息管理系统"快捷图标，显示系统登录界面，在"用户名"下拉框中输入"administra"，在"密码"下拉框中输入系统初始密码"1"，则显示系统主界面。

3.3.1.2 新建用户

在系统主界面中，点击"系统管理→系统用户管理"，进入"系统用户管理"页面，在该页面点击"添加"按钮，建立用户信息；信息添加完成后，返回系统用户管理页面，点击操作栏中的菜单分配按钮，进入"管理用户菜单分配"页面，点击"继承角色分配"按钮，为新建用户分配相应权限。

添加用户基本信息如下：

角色扮演	用户名	密码
系统管理员	js01	***
资源管理员	js02	***
客户管理员	js03	***

续表

角色扮演	用户名	密码
入库管理员	js05	***
出库管理员	js06	***
库内管理员	js07	***
应收结算员	js13	***
应付结算员	js14	***

3.3.1.3 新建项目

（1）在系统主界面中，点击**系统管理→项目管理**，进入"项目管理"页面，在该页面点击"**新增项目**"按钮，进入"**编辑项目**"页面；

（2）在"**编辑项目**"页面，"**项目名称**"栏内添加项目名称，在"**客户**"栏内选择相应客户；在"**服务类型**"栏内选择"**仓储**"；

（3）点击"**保存**"按钮，保存已录信息；

（4）返回"**项目管理**"页面，在该页面点击操作栏内的"**项目成员**"按钮，进入"项目成员分配"页面，在该页面进行项目成员分配。

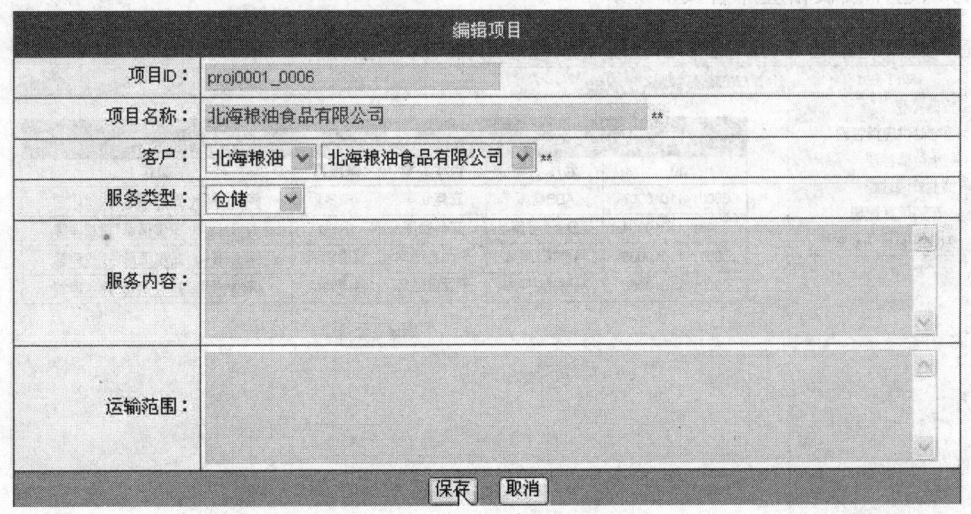

3.3.2 资源管理员操作演示（02号角色执行）

在仓储业务管理中，资源管理员的主要职责是建立仓储供应商和仓库/货位信息。

3.3.2.1 建立仓储供应商基本信息

（1）在系统主界面中，点击"**资源管理→仓储供应商管理**"，显示"仓储供应商基本信息"页面，在该页面点击"**添加新供应商**"按钮，添加新的供应商；

（2）点击"**编辑**"按钮，对已有供应商信息进行编辑；

（3）点击"**删除**"按钮，删除供应商信息。

3.3.2.2 建立仓库/货位信息

（1）在系统主界面，点击"资源管理→商业资源管理→仓库/货位信息管理"，显示"仓库/货位信息管理"页面；

（2）在"仓库/货位信息管理"页面，点击"**新增仓库**"按钮，新增仓库基本信息；

（3）在"仓库/货位信息管理"页面，"**仓库列表**"操作栏中，点击"**编辑**"按钮，对已有仓库信息进行编辑；

（4）在"仓库/货位信息管理"页面，"**仓库列表**"操作栏中，点击"**货位信息**"按钮，对仓库货位信息进行添加；

（5）在"仓库/货位信息管理"页面，"**仓库列表**"操作栏中，点击"**授权库管**"按钮，为该仓库授权相应库管员。

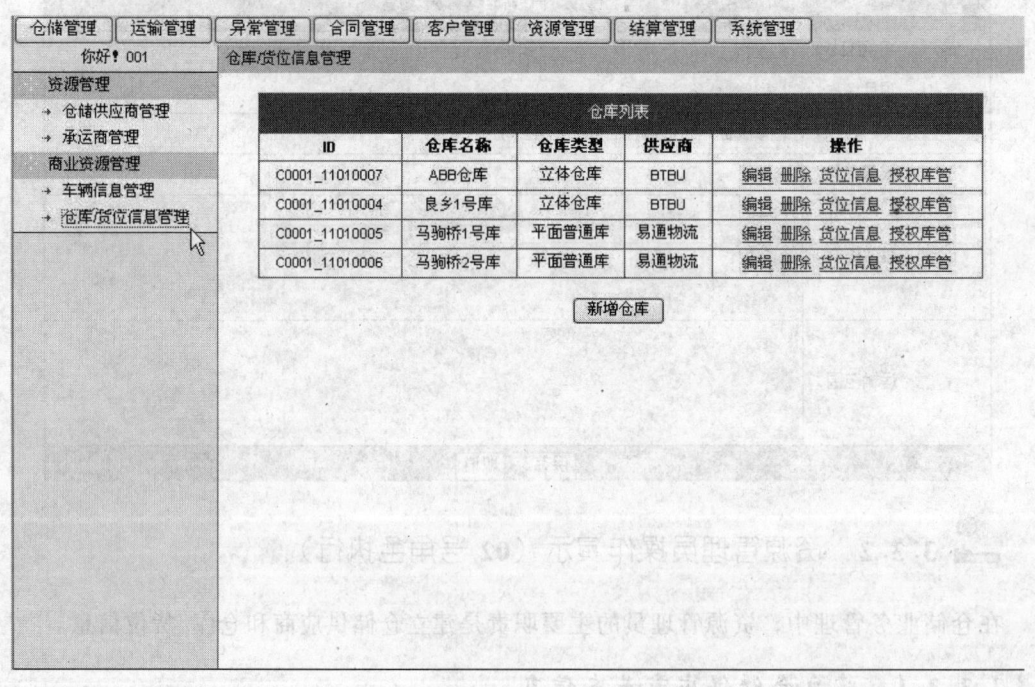

3.3.3 客户管理员操作演示（03号角色执行）

在仓储业务管理中，客户管理员主要负责仓储客户基本信息及客户货品信息的维护与管理。

3.3.3.1 添加客户基本信息

（1）在系统主界面，点击"客户管理→客户管理→基本信息"，显示"客户基本信息"页面；

（2）在"客户基本信息"页面中，点击"添加一级客户"按钮，显示"新增客户"页面，在该页面添加"客户全称"、"客户简称"等客户基本信息；

（3）信息添加完成后，点击"保存"按钮保存信息；

（4）返回"客户基本信息"页面，在该页面"客户列表"操作栏中，选择一级客户后，点击"查看二级客户"按钮，显示该一级客户的二级客户列表信息；

（5）在"二级客户列表"页面，点击"添加二级客户"按钮，显示"新增二级客户页面"，在该页面添加二级客户相关信息后，点击"保存"按钮，保存信息后返回"二级客户列表"页面；

（6）在"二级客户列表"页面操作栏内点击"库房租用"按钮，显示"客户租用库房"页面，在该页面选择所租用的库房后，点击"保存"按钮，保存信息后返回"二级客户列表"，点击"返回上一级"按钮，返回"一级客户列表"页面。

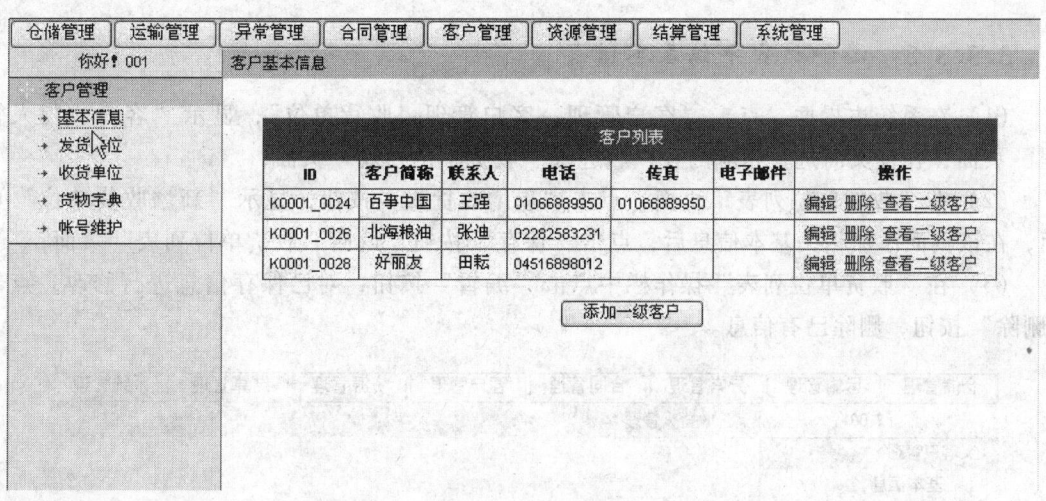

3.3.3.2 添加发货单位基本信息

（1）在系统主界面，点击"客户管理→客户管理→发货单位"，显示"客户发货人管理"页面，在该页面选择相应的客户后进入"发货单位列表"页面；

（2）在"发货单位列表"页面，点击"新增发货人"按钮，显示"新增发货单位"页面，在该页面添加"发货单位"、"单位全称"、"单位简称"等相关基本信息后，点击"保存"按钮，返回"发货单位列表"页面，则已录入的发货单位信息显示在列表中；

（3）在"发货单位列表"页面操作栏中，点击"编辑"按钮，对已保存信息进行修改，点击"删除"按钮，删除已有信息。

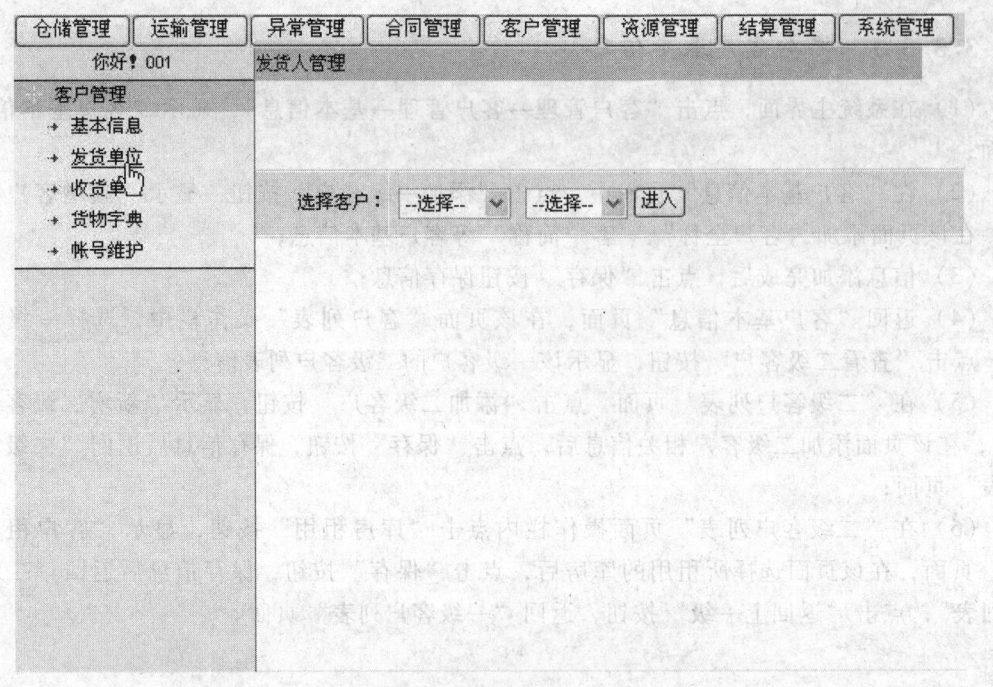

3.3.3.3 添加收货单位基本信息

（1）在系统主界面，点击"客户管理→客户管理→收货单位"，显示"客户收货人管理"页面，在该页面选择相应的客户后进入"收货单位列表"页面；

（2）在"收货单位列表"页面，点击"新增收货人"按钮，显示"新增收货单位"页面，在该页面添加相关基本信息后，点击"**保存**"按钮，返回"收货单位列表"页面；

（3）在"收货单位列表"操作栏中点击"**编辑**"按钮，对已保存信息进行修改，点击"**删除**"按钮，删除已有信息。

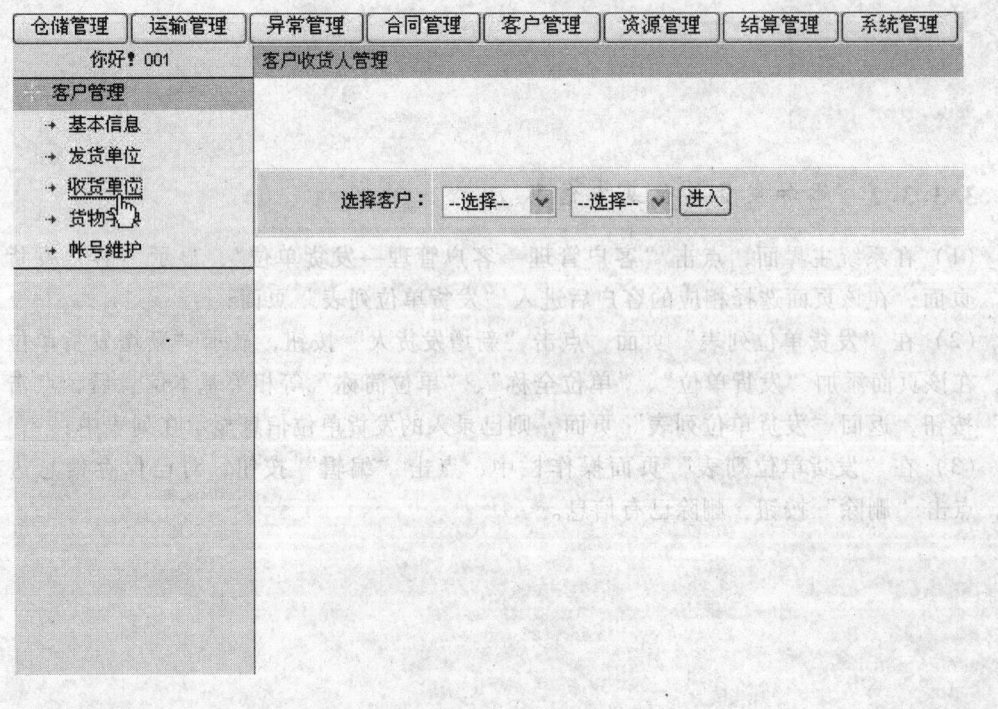

3.3.3.4 添加货品基本信息

（1）在系统主界面，点击"客户管理→客户管理→货物字典"，显示"客户货物字典"页面，在该页面选择相应客户后，点击"进入"按钮，进入"客户货物列表"页面；

（2）在"客户货物列表"页面，点击"新增货物"按钮，显示"新增货物"页面，在该页面中添加"货物品种"、"货物规格"等货品基本信息；

（3）点击"保存"按钮，返回"客户货物列表"页面，在该页面点击"**编辑**"按钮，对已保存货物信息进行修改，点击"**删除**"按钮，删除已有货物信息。

3.3.4 入库管理员操作演示（05号角色执行）

在仓储业务管理中，入库管理员主要负责"入库管理"功能模块的操作，入库管理信息化管理流程可分解为"入库委托"、"入库单打印"、"入库验收"及"入库记录查询"四项内容，其中，每项内容又可细分为若干操作步骤。图示如下：

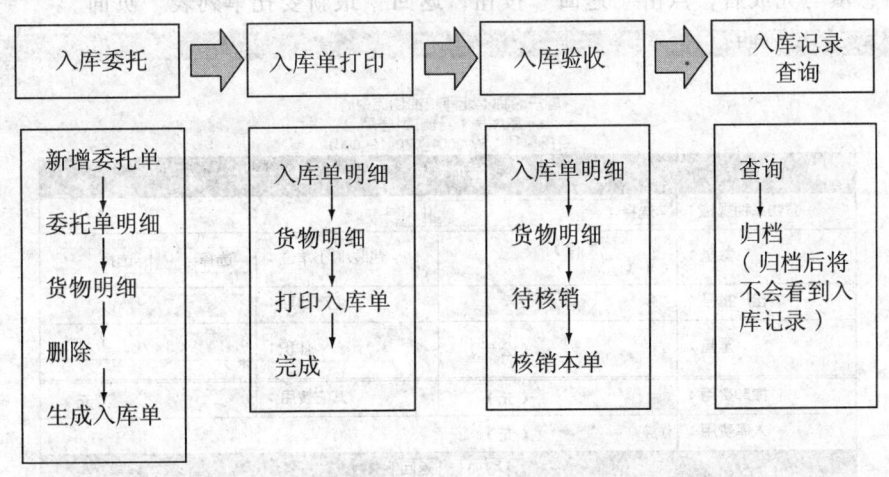

3.3.4.1 入库委托

（1）新增委托单：

①在系统主界面中，点击"仓储管理→入库管理→入库委托"，显示"**最新委托单列**

表"页面；

②在"最新委托单列表"页面，点击"新增委托单"按钮，进入"新增委托单"页面，在该页面选择"入库客户"、"入库库房"，并添加"入库日期"、"发货单位"、"发货联系人"、"发货人地址"、"发货人电话"、"备注"等信息。费用信息需在填写完"货物明细"信息后系统直接做统计；

③基本信息填写完毕后，点击"保存"按钮，返回"最新委托单列表"页面。

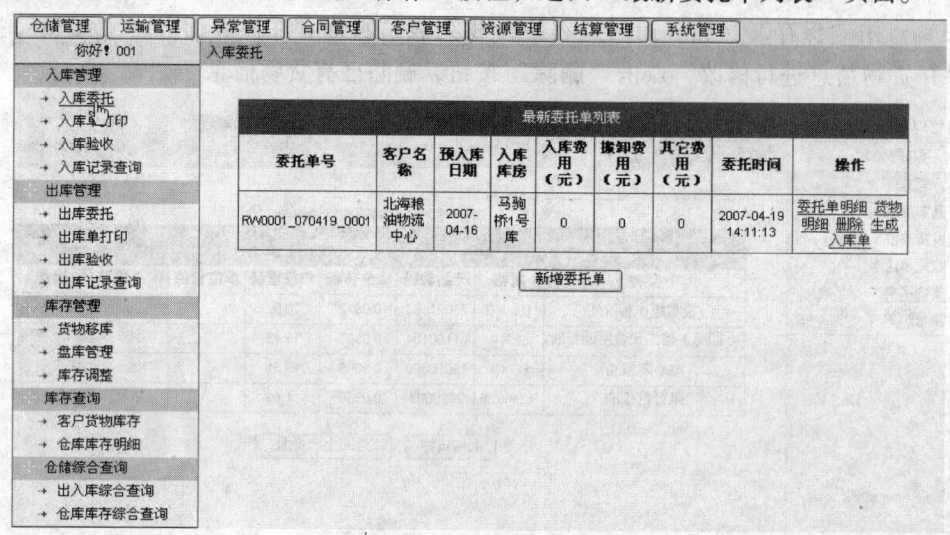

（2）货物明细：

①在"最新委托单列表"页面，点击操作栏中的"货物明细"按钮，进入"添加货物"页面，在该页面选择"货物品种规格"、"包装/最小单位"，并添加"货物数量"、"生产日期"及"费用"等相关信息；

②货物信息添加完成后，点击"增加"按钮，则所填写的货物信息以列表的形式保存在当前页面的下侧。如填写过程中有误，可点击"编辑"或"删除"按钮进行修改或删除；

③信息填写完成后，点击"返回"按钮，返回"最新委托单列表"页面。

(3) 委托单明细：

①点击"最新委托单列表"页面操作栏中的"委托单明细"按钮，进入"编辑委托单"页面；

②在"编辑委托单"页面，添加"发货单位"、"发货联系人"、"发货人地址"等信息；

③点击"从货物明细求和"按钮，系统将根据"货物明细"页面中添加的费用信息，自动生成相应的"入库费用合计"、"搬卸费用合计"及"其他费用合计"等信息；

④点击"保存"按钮，返回"最新委托单列表"页面。

(4) 删除：

①点击"最新委托单列表"页面，操作栏中的"删除"按钮，显示系统提示对话框"确定删除操作吗？"，点击"确定"按钮，将对已录入委托单进行删除操作；

②点击"取消"按钮，返回"最新委托单列表"页面。

如委托单已生成入库单，则不能执行该项操作。

(5) 生成入库单：

①点击"最新委托单列表"页面，操作栏中的"生成入库单"按钮，显示系统提示对话框"确定生成入库单操作吗？"，点击"确定"按钮，则将已录入的委托单生成入库单；

②点击"返回"按钮，返回最新委托单列表。

3.3.4.2 入库单打印

(1) 入库单明细：

①在系统主界面中，点击"仓储管理→入库管理→入库单打印"，进入到"入库单打印"页面；

②在"最新入库单"列表操作栏中点击"入库单明细"按钮，进入"入库单明细"页

面，在该页面中添加"入库单号"、"入库日期"、"发货单位"、"发货联系人"、"运单号码"、"运送单位"、"车辆号码"、"司机"、"交接库管员"、"到库时间"等信息；

③点击"保存"保存信息后，返回"最新入库单列表"页面。

入库单打印

最新入库单							
委托单号	入库单号	客户名称	入库库房	入库日期	委托受理人	入库单生成时间	操作
RW0001_070504_0002		北海粮油食品有限公司	马驹桥1号库	2007-05-17	001	2007-05-04 15:56:05	入库单明细 货物明细 打印入库单 完成
RW0001_070503_0001		北海粮油物流中心	马驹桥1号库	2007-05-03	001	2007-05-04 15:39:14	入库单明细 货物明细 打印入库单 完成

打印操作指南

（2）货物明细：

①在"最新入库单列表"页面操作栏中点击"货物明细"按钮，进入"添加货物"页面；

②在"添加货物"页面下方货物列表操作栏中，单击"编辑"按钮，显示"货物明细"页面；

③在"货物明细"页面，单击"重新安排货位"按钮，显示"入库货位安排"页面，在该页面选择货位后安排相应货物数量；

④安排完成后，单击"保存"按钮，返回"添加货物"页面；

⑤在"添加货物"页面下方货物列表操作栏中，单击"货位明细"按钮，可以查看已安排货物的货位信息；

⑥单击"添加货物"页面中部的"返回"按钮，返回到"入库单打印"页面。

入库单打印 > 货物明细

客户名称：北海粮油物流中心
入库库房：马驹桥1号库
委托单号：RW0001_070419_0001
入库单号：001

添加货物			
货物品种规格：	--选择--		
生产日期：		出厂批号：	
数量：	（件）（个）	包装/最小单位：	--选择-- --选择--
重量：	0 （公斤）	体积：	0 （立方米）
入库货位安排：	安排货位		

增加 返回

货物品种	货物规格	货物编号	出厂批号	系统批号	应入库数量（件）	应入库数量（个）	整件包装	最小单位	操作
（福掌柜）餐饮油	10L×2	73021502			500	500	纸箱	瓶	编辑 删除 货位明细
ARO调和油	5L×4	75010800			600	600	纸箱	瓶	编辑 删除 货位明细

(3)打印入库单。在"最新入库单"列表操作栏中点击"入库单打印"按钮,系统接入打印机后,可将入库单打印出来。

入库单明细

入库客户:	北海粮油物流中心	入库库房:	马驹桥1号库	入库日期:	2007-04-16
委托单号:	RW0001_070419_0001	入库单号:	001	受理人:	001
运单号码:	001	交接库管员:	张	到库时间:	2007-04-18
运送单位:	BTBU	车牌号码:	A	司机:	李
备注:					

货物明细

货物品种	货物规格	货物编号	出厂批号	系统批号	整件包装	最小单位	异常记录
入库货位	入库数量(件)	入库数量(个)		实入货位	实入数量(件)	实入数量(个)	
(福学柜)餐饮油	10L×2	73021502		GSN_070419_0002	纸箱	瓶	
食品	500	500					
ARO调和油	5L×4	75010800		GSN_070420_0001	纸箱	瓶	
食品	500	500					
其它	100	100					

（4）完成。

①在"最新入库单"列表操作栏中点击"完成"按钮，系统提示："确定完成入库操作吗？"，点击"确定"按钮，系统提示："入库操作已完成，请及时核销本单"，则确认入库操作已完成，可以进行货物核销；

②点击"返回"按钮，返回"最新入库单"列表页面。

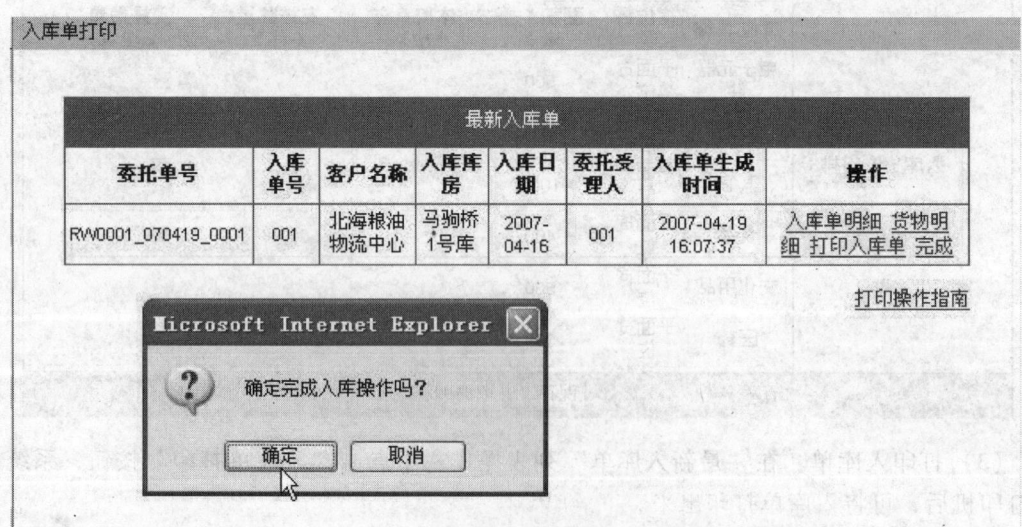

3.3.4.3 入库验收

(1) 货物明细:

①在系统主界面,点击"仓储管理→入库管理→入库验收",进入到"入库验收"页面,该页面显示"待验收入库单"列表;

②点击"待验收入库单"列表操作栏中的"货物明细"按钮,进入"货物明细"页面;

③点击"货物明细"页面操作栏中"待核销"按钮,进入"货物核销明细"页面,在该页面上半部基本信息栏内添加"实入库数量"、"入库成本"、"搬卸成本"、"其他成本";在该页面下半部"实入库货位"中添加货品实际数量;

④信息添加完成后,点击"核销本货物"按钮,返回"货物明细"页面。此时,货物状态由"待核销"变为"已核销",说明该入库货品数量、相关成本及货位情况已核销完成;

⑤在"货物明细"页面操作栏中点击"货位明细"按钮,查看货物货位信息;

⑥点击"货物明细"页面中"返回上一级"按钮,返回"入库验收"页面。

入库验收

待验收入库单					
委托单号	入库单号	客户名称	入库库房	入库日期	操作
RW0001_070419_0001	001	北海粮油物流中心	马驹桥1号库	2007-04-16	入库单明细 货物明细 核销本单

入库验收 > 货物明细

客户名称:北海粮油物流中心
入库库房:马驹桥1号库
委托单号:RW0001_070419_0001
入库单号:001

货物明细											
货物品种	货物规格	货物编号	出厂批号	系统批号	应入库数量(件)	应入库数量(个)	实入库数量(件)	实入库数量(个)	整件包装	最小单位	操作
(福掌柜)餐饮油	10L×2	73021502		GSN_070419_0002	500	500	0	0	纸箱	瓶	待核销 货位明细
ARO调和油	5L×4	75010800		GSN_070420_0001	600	600	0	0	纸箱	瓶	待核销 货位明细

返回上一级

(2) 入库单明细：

①在"入库验收"页面，"待验收入库单"操作栏中点击"入库单明细"按钮，进入"入库单明细"页面；

②在"入库单明细"页面中添加"入库客户"、"入库库房"、"入库单号"、"发货单位"、"发货人地址"、"运单号码"、"车牌号码"、"交接库管员"等相关信息后，点击"从货物明细求和"按钮，进行货物总成本核销；

③点击"保存"按钮，保存信息后返回"入库验收"页面。

(3)核销本单:

①在"待验收入库单"列表操作栏中点击"核销本单"按钮,系统提示"入库验收完毕"字样,说明本单已核销;

②点击"返回"按钮,返回"入库验收"页面,此时待验收入库单列表中将不显示已完成核销的入库单。

3.3.4.4 入库记录查询

(1)点击系统主界面中"仓储管理→入库管理→入库记录查询",进入到"入库记录查询"页面,在该页面中输入"单据号"、"客户"、"入库库房"、"入库日期"等字段,点击"查询"按钮,系统将显示符合条件的"入库记录列表"。该入库记录列表中的入库单状态为"已入库";

(2)点击"入库记录列表"操作栏中"入库单明细"按钮,系统将显示该入库单明细及货物明细的详细信息。

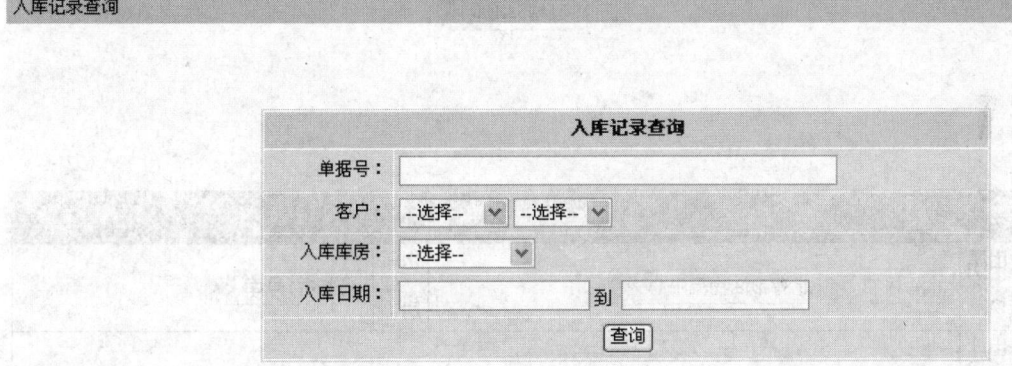

3.3.5 出库管理员操作演示(06号角色执行)

在仓储业务管理中,出库管理员主要负责"出库管理"功能模块的操作,出库管理信息化管理流程可分解为"出库委托"、"出库单打印"、"出库验收"及"出库记录查询"四项内容,其中,每项内容又可细分为若干操作步骤。图示如下:

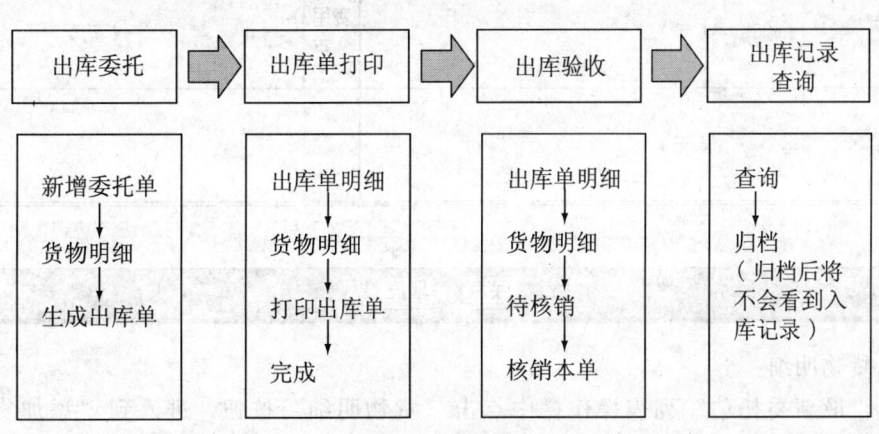

3.3.5.1 出库委托

(1) 新增委托单：

①在系统主界面，点击"仓储管理→出库管理→出库委托"，进入到"出库委托"页面，该页面显示了"最新委托单"列表；

②在最新委托单列表中，点击"新增委托单"按钮，进入到"新增委托单"页面，在该页面添加"出库客户"、"出库库房"、"出库日期"、"收货单位"等出库相关信息；

③点击"保存"按钮，保存信息后返回"出库委托"页面。

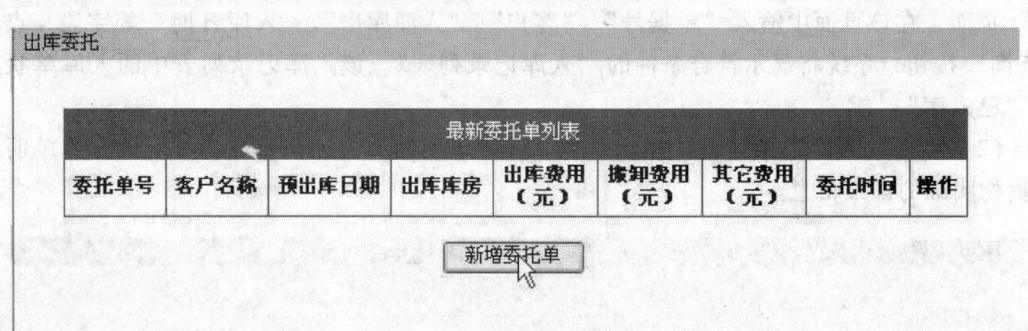

(2) 货物明细：

①在"最新委托单"列表操作栏中点击"货物明细"按钮，进入到"添加货物"页面，在该页面中添加出库货物"品种规格"、"数量、包装/最小单位"及"费用信息"后，点击"增加"按钮，则所填写的货物信息以列表的形式保存到当前页面的下侧；

②点击"出库货品列表"操作栏中"编辑"或"删除"按钮，则对已录入信息进行修改或删除操作；

③信息填写完成后，点击"返回"按钮，返回"最新委托单列表"页面。

出库委托

委托单号	客户名称	预出库日期	出库库房	出库费用（元）	搬卸费用（元）	其它费用（元）	委托时间	操作
CW0001_070420_0001	北海粮油物流中心	2007-04-19	马驹桥1号库	0	0	0	2007-04-20 11:52:53	委托单明细 货物明细 删除 生成出库单

新增委托单

客户名称：北海粮油物流中心
出库库房：马驹桥1号库
委托单号：CW0001_070420_0001

添加货物

货物品种规格：	--选择--	--选择--	出厂批号：	
当前库存状况：				
数量：	（件）	（个）	包装/最小单位：	--选择-- --选择--
出库费用：	0 （元）		搬卸费用：	0 （元）
其它费用：	0 （元）			

增加 返回

货物名称	货物规格	货物编号	出库数量（件）	出库数量（个）	出库费用	搬卸费用	其它费用	操作
(福掌柜)餐饮油	10L×2	73021502	360	360	2100	600	600	编辑 删除
ARO调和油	5L×4	75010800	300	300	2000	500	800	编辑 删除

（3）委托单明细：

①在"最新委托单列表"页面操作栏中点击"委托单明细"按钮，进入"编辑委托单"页面，在该页面填写"委托单号"、"出库日期"、"出库客户"、"出库库房"、"收货单位"、"收货联系人"、"收货人地址"、"收货人电话"等相关信息后，点击"从货物明细中求和"按钮，系统将根据"货物明细"页面中添加的费用信息自动生成相关的"出库费用合计"、"搬卸费用合计"、"其他费用合计"等相关信息；

②点击"保存"按钮，保存信息，并返回"最新委托单列表"页面。

	编辑委托单		
委托单号：	CW0001_070420_0001	出库日期：	2007-04-19
出库客户：	北海粮油物流中心	出库库房：	马驹桥1号库 ∨
收货单位：	北京诚信惠民 >>	收货联系人：	刘少宁
收货人地址：	北京市朝阳区豆各庄乡水牛坊村一区甲10号	收货人电话：	01087332741
出库费用合计：	4100 （元）	搬卸费用合计：	1100 （元）
其它费用合计：	1400 （元） 从货物明细求和		
备注：			
	保存　取消		

（4）删除：

①点击"最新委托单列表"页面操作栏中的"删除"按钮，系统提示："确定删除操作吗？"按钮，点击"确定"按钮，将对已录入委托单进行删除操作；

②点击"取消"按钮，返回"最新委托单列表"页面。

如委托单已生成出库单，则不能执行该项操作。

（5）生成出库单：

①点击"最新委托单列表"页面操作栏中的"生成出库单"按钮，系统提示："确定生成出库单操作吗？"点击"确定"按钮，系统提示："已成功将委托单生成为出库单"；

②点击"返回"按钮，返回"最新委托单列表"页面。

3.3.5.2 出库单打印

（1）出库单明细：

①在系统主界面，点击**仓储管理→出库管理→出库单打印**，进入到"出库单打印"页面；

②在"最新出库单"列表操作栏中点击"出库单明细"按钮，进入"出库单明细"页面，在该页面中填加"出库单号"、"出库日期"、"收货单位"、"收货联系人"、"收货人地址"、"收货人电话"等相关信息后，点击"保存"返回"最新出库单"列表页面。

		出库单明细		
出库客户：	北海粮油物流中心		出库库房：	马驹桥1号库
委托单号：	CW0001_070420_0003		委托受理人：	001
委托备注：				
出库单号：			出库日期：	2007-04-22
收货单位：	北京诚信惠民 >>		收货联系人：	刘少宁
收货人地址：	北京市朝阳区豆各庄乡水牛坊村一区甲10号		收货人电话：	01087332741
提单号码：				
运单号码：			运送单位：	
车牌号码：			司机：	
交接库管员：			到库时间：	
备注：				

保存　取消

（2）货物明细：

①点击"**最新出库单**"列表页面"**货物明细**"按钮，进入"**添加货物**"页面；

②在"**添加货物**"页面下侧"**货物列表**"操作栏中，单击"**编辑**"按钮，进入"**货物明细**"页面，在该页面填写应出库货物数量；

③在"**货物明细**"页面，点击"**重新安排出库**"按钮，则在"**货物明细**"页面下侧显示应出库货物列表，在该列表中进行出库货品安排；

④安排完成后，点击"**保存**"按钮，返回"**添加货物**"页面；

⑤在"**添加货物**"页面"**货物列表**"操作栏中，点击"**货位明细**"按钮，可以查看出库货品货位信息；

⑥在"**添加货物**"页面，点击"**返回**"按钮，返回"**最新出库单**"列表。

客户名称：北海粮油物流中心
出库库房：马驹桥1号库
委托单号：CW0001_070420_0001

	货物明细				
货物品种规格：	（福学柜）餐饮油 10L×2			出厂批号：	
当前库存状况：		库存数量	委托中数量	出库中数量	可委托/出库数量
	整件（件）	500	0	0	500
	零货（个）	500	0	0	500
应出库数量：	360 （件） 360 （个）			包装/最小单位：	纸箱 ▼ 瓶 ▼
货物出库安排：	重新安排出库				
	货位　出厂批号　系统批号　生产日期　货龄（天）　入库日期　库龄（天）　数量（件）　数量（个）				

保存　取消

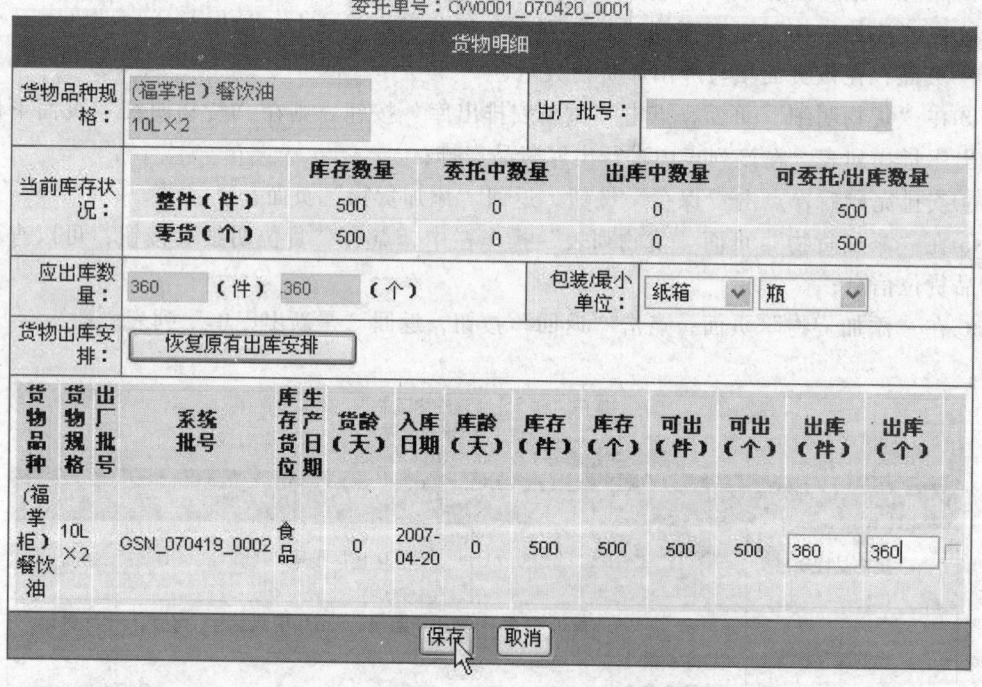

（3）打印出库单。点击"最新出库单"列表操作栏中的"打印出库单"，将出库单打印出来。

出库单明细

出库客户:	北海粮油物流中心	出库库房:	马驹桥1号库	出库日期:	2007-04-19
委托单号:	CW0001_070420_0001	出库单号:	002	受理人:	001
提单号码:	003	交接库管员:	张	到库时间:	2007-04-18
收货单位:	北京诚信惠民	联系人:	刘少宁	电话:	01087332741
地址:	北京市朝阳区豆各庄乡水牛坊村一区甲10号	运单号码:	004	运送单位:	
车牌号码:	AAA	司机:	王		
备注:					

货物明细

货物品种	货物规格	货物编号	应出数量（件）	应出数量（个）	整件包装	最小单位	异常
(福掌柜)餐饮油	10L×2	73021502	360	360	纸箱	瓶	
存放货位	出厂批号	系统批号	生产日期	入库日期	应出（件）	应出（个）	实出货位	实出（件）	实出（个）
食品		GSN_070419_0002		2007-04-20	360	360			
ARO调和油	5L×4	75010800	300	300	纸箱	瓶	
存放货位	出厂批号	系统批号	生产日期	入库日期	应出（件）	应出（个）	实出货位	实出（件）	实出（个）
食品		GSN_070420_0001		2007-04-20	300	300			

（4）完成：

①点击"出库单打印"页面操作栏中的"完成"按钮，在系统提示对话框中点击"确定"按钮，显示"出库单打印完毕，请尽快核销本单"提示，表明该出库操作已完成，该出库单可以进行核销；

②点击"返回"按钮，返回"最新出库单列表"页面，该页面将不显示已完成打印的出库单。

3.3.5.3 出库验收

（1）货物明细：

①在系统主界面中，点击仓储管理→出库管理→出库验收，进入到"出库验收"页面，在该页面"待验收出库单"列表操作栏中点击"货物明细"按钮，进入"货物明细"页面；

②在"货物明细"页面，点击"待核销"按钮，进入"货物核销明细"页面，在该页面上半部添加"实出库数量"、"出库成本"、"搬卸成本"、"其他成本"等信息后，在该页面下半部实出库货位列表中添加实出货物数量；

③信息添加完成后，点击"核销本货物"按钮，返回"货物明细"页面，此时，货物状态由"待核销"变为"已核销"；

④点击"货位明细"按钮，可以查看货品货位信息；

⑤在"货物明细"页面，点击"返回上一级"按钮，返回"待验收出库单"列表。

出库验收

待验收出库单

委托单号	出库单号	客户名称	出库库房	出库日期	操作
CW0001_070420_0001	002	北海粮油物流中心	马驹桥1号库	2007-04-19	出库单明细 货物明细 核销本单

客户名称：北海粮油物流中心
出库库房：马驹桥1号库
委托单号：CW0001_070420_0001
出库单号：002

货物明细

货物品种	货物规格	货物编号	应出数量（件）	应出数量（个）	实出数量（件）	实出数量（个）	整件包装	最小单位	操作
（福掌柜）餐饮油	10L×2	73021502	360	360	0	0	纸箱	瓶	待核销 货位明细
ARO调和油	5L×4	75010800	300	300	0	0	纸箱	瓶	待核销 货位明细

[返回上一级]

客户名称：北海粮油物流中心
出库库房：马驹桥1号库
委托单号：CW0001_070420_0001
出库单号：002

货物明细

货物品种/规格：	（福掌柜）餐饮油 10L×2	出厂批号：	
出库单数量：	360（件） 360（个）	包装/最小单位：	纸箱 ▼ 瓶 ▼
实出库数量：	360 （件） 360 （件） □同上		
出库成本：	800 （元）	搬卸成本：	100 （元）
其它成本：	100 （元）		
异常描述：			
异常种类：	□货损 □货差 □货失 □包装损坏		
实出库货位：			

出厂批号	系统批号	货位	库存（件）	库存（个）	生产日期	入库日期	应出（件）	应出（个）	实出（件）	实出（个）	
	GSN_070419_0002	食品	500	500		2007-04-20	360	360	360	360	

[核销本货物] [保存] [取消]

客户名称：北海粮油物流中心
出库库房：马驹桥1号库
委托单号：CW0001_070420_0001
出库单号：002

货物明细									
货物品种	货物规格	货物编号	应出数量（件）	应出数量（个）	实出数量（件）	实出数量（个）	整件包装	最小单位	操作
（福掌柜）餐饮油	10L×2	73021502	360	360	360	360	纸箱	瓶	已核销 货位明细
ARO调和油	5L×4	75010800	300	300	300	300	纸箱	瓶	已核销 货位明细

[返回上一级]

（2）出库单明细：

①在"待验收出库单"列表操作栏中点击"出库单明细"按钮，进入"出库单明细"页面，在该页面添加"提单号码"、"运单号码"、"运送单位"等信息后，点击"从货物明细求和"按钮，系统将根据货物明细中添加的成本信息进行成本合计；

②点击"保存"按钮，进行货物总成本核销后，返回"待验收出库单"操作页面。

待验收出库单					
委托单号	出库单号	客户名称	出库库房	出库日期	操作
CW0001_070420_0001	002	北海粮油物流中心	马驹桥1号库	2007-04-19	出库单明细 货物明细 核销本单

出库单号：	002		出库日期：	2007-04-19
收货单位：	北京诚信惠民		收货联系人：	刘少宁
收货人地址：	北京市朝阳区豆各庄乡水牛坊村一区甲10号		收货人电话：	01087332741
提单号码：	003			
运单号码：	004		运送单位：	
车牌号码：	AAA		司机：	王
发货人员：	张		到库时间：	2007-04-18
出库备注：				
出库成本：	800	支付：--选择--		
搬卸成本：	100	支付：--选择--		
其它成本：	100	支付：--选择--	[从货物明细求和]	
验收备注：				

[保存] [取消]

(3) 核销本单：

①在"待验收出库单"列表页面，点击"核销本单"按钮，系统提示："确定核销本单吗？"点击"确定"按钮，系统提示"出库验收完毕"，则完成本单核销；

②点击"返回"按钮，返回"待验收出库单"列表页面。此时，已完成验收的出库单将不显示在该列表中。

3.3.5.4 出库记录查询

①在系统主界面，点击仓储管理→出库管理→出库记录查询，进入到"出库记录查询"页面，在该页面中输入"单据号"、"客户"、"出库库房"、"出库日期"等字段，点击"查询"按钮，将出现符合条件的"出库记录列表"，在该列表中需查询的出库单状态为"已出库"；

②点击"出库记录列表"操作栏中的"出库单明细"按钮，将显示所选择客户的出库单明细和货物明细。

3.3.6 库内管理员操作演示（07号角色执行）

在仓储业务管理中，库内信息化管理包括移库管理、盘库管理和库存查询等内容。

3.3.6.1 移库

（1）在系统主界面，点击仓储管理→库存管理→货物移库，进入到"货物或货位查询"页面；

（2）在"货物或货位查询"页面，输入"客户"、"库房-货位"、"货物"等信息，点击"查询货位"按钮，将显示"最新出库单货位列表"信息；

（3）在"最新出库单货位列表"中选择需移库货品后，点击"移动此货物"按钮，显示"货位调整"页面，在该页面选择新货位后，输入需移动货品数量及"用户密码"；

（4）点击"确认"按钮，返回"最新出库单货位列表"页面。

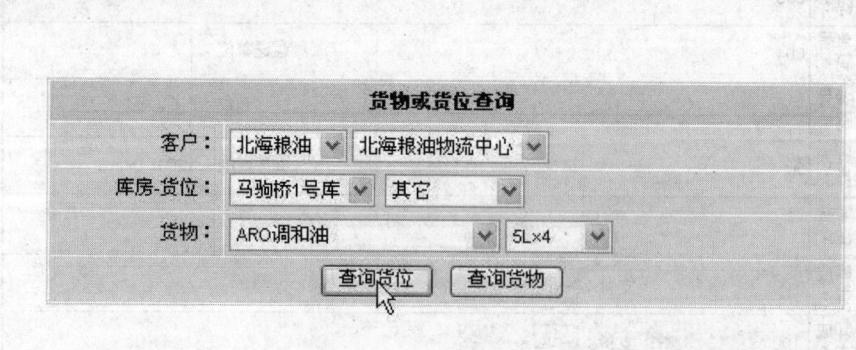

大客户：北海粮油
子客户：北海粮油物流中心
库房：马驹桥1号库
货位：其它

库存货位	名称/规格	货物编码	出厂批号	入库日期	库存数量（件）	库存数量（个）	操作
最新出库单							
其它	ARO调和油 5L×4	75010800		2007-04-20	100	100	移动此货物

[返回]

大客户：北海粮油
子客户：北海粮油物流中心
库房：马驹桥1号库
货位：其它

货位调整			
原货位：	其它	产品编码：	75010800
产品名称：	ARO调和油	产品规格：	5L×4
出厂批号：		数量：	100（件） 100（个）
新货位：	食品	移动数量：	100 （件） 100 （个）
用户密码：	●		

[确认] [取消]

3.3.6.2 盘库

（1）盘库计划：

①新增计划。点击系统主界面"仓储管理→库存管理→盘库管理"，进入到"盘库计划"页面，在该页面点击"新增计划"按钮，进入"新增计划"页面。选择"客户名称"、"盘库库房"并输入"盘库日期"、"盘库说明"等信息后，点击"保存"按钮，返回"盘库计划列表"页面；

盘库计划
盘库计划　盘库结果录入　差异结果分析　帐实调整　盘库记录查询

计划列表				
盘库单号	盘库日期	客户名称	仓库名称	操作

[新增计划]

盘库计划 盘库结果录入 差异结果分析 帐实调整 盘库记录查询

	新增计划
客户名称：	北海粮油 ▼ 北海粮油物流中心 ▼
盘库库房：	马驹桥1号库 ▼
盘库日期：	2007-04-20
盘库说明：	

[保存] [取消]

②打印盘库单。在"盘库计划列表"页面操作栏中，点击"打印盘库单"按钮，将生成一张盘库单；

盘库单

盘库单号：	PK0001_11010005_070420_01	盘库日期：	2007-04-20
客户名称：	北海粮油物流中心	仓库名称：	马驹桥1号库
盘库说明：			

盘点货物

货物品种	货物规格	出厂批号	生产日期	存放货位	数量（件）	数量（个）	货物状态	备注
(福掌柜)餐饮油	10L×2			食品			完好 货损 批号破损	
ARO调和油	5L×4			食品			完好 货损 批号破损	

操作员：_____ 日期：_____

③提交。在"盘库计划列表"页面操作栏中，点击"提交"按钮，在系统提示对话框中点击"确定"按钮，系统提示："已成功生成盘库单"，点击"返回"按钮，返回"盘库计划列表"页面。

（2）盘库结果录入：

①在"盘库信息录入"页面，点击"盘库结果录入"，显示符合条件的盘库计划列表；

②在"盘库计划列表"操作栏中，点击"盘库结果"，显示"盘库结果"页面，在该页面中输入实际盘库信息后，点击"保存"按钮，返回"盘库计划列表页面"；

③点击"盘库计划列表页面"操作栏中的"提交"按钮，系统提示："确定提交吗？"点击"确定"按钮，系统提示"已成功提交记录"；

④点击"返回"按钮，返回"盘库计划列表"页面。

盘库信息录入

盘库计划 盘库结果录入 差异结果分析 帐实调整 盘库记录查询

计划列表				
盘库单号	盘库日期	客户名称	仓库名称	操作
PK0001_11010005_070420_01	2007-04-20	北海粮油物流中心	马驹桥1号库	盘库结果 提交

盘库单列表 > 盘库信息结果

盘库计划 盘库结果录入 差异结果分析 帐实调整 盘库记录查询

客户名称：北海粮油物流中心
库房：马驹桥1号库
盘库单号：PK0001_11010005_070420_01
盘库日期：2007-04-20

盘库结果								
货物品种	货物规格	出厂批号	生产日期	存放货位	数量（件）	数量（个）	货物状态	备注
(福掌柜)餐饮油	10L×2			食品	140	140	⊙完好 ○货损 ○批号破损	
ARO调和油	5L×4			食品	298	298	⊙完好 ○货损 ○批号破损	

保存 取消

(3) 差异结果分析：

①在"盈亏分析"页面，点击"差异结果分析"按钮，显示盘库计划列表；

②点击"盘库计划列表"中的"盘库结果对比分析"按钮，进入"差异盘库结果"页面，该页面显示了"库存记录"和"盘库记录"，若对比有差异，要说明差异原因；

③点击"保存"把信息保存到差异结果分析表中；

④点击"盘库计划列表"操作栏中的"提交"按钮，在系统提示对话框中点击"确定"按钮，系统显示"已成功提交记录"，表明把已生成的"盘库结果对比分析表"提交到账实调整的页面，进行下一步的账实调整操作。

盘库信息录入

盘库计划 盘库结果录入 差异结果分析 帐实调整 盘库记录查询

计划列表				
盘库单号	盘库日期	客户名称	仓库名称	操作

盈亏分析

盘库计划 盘库结果录入 差异结果分析 帐实调整 盘库记录查询

计划列表				
盘库单号	盘库日期	客户名称	仓库名称	操作
PK0001_11010005_070420_01	2007-04-20	北海粮油物流中心	马驹桥1号库	盘库结果对比分析　提交

盘库计划 盘库结果录入 差异结果分析 帐实调整 盘库记录查询

客户名称：北海粮油物流中心
库房：马驹桥1号库
盘库单号：PK0001_11010005_070420_01
盘库日期：2007-04-20

差异盘库结果										
货物品种	货物规格	货物编号	出厂批号	生产日期	存放货位	库存记录（件）	库存记录（个）	盘库记录（件）	盘库记录（个）	货物状态	差异原因
ARO调和油	5L×4	75010800			食品	300	300	298	298	完好	货差

保存　取消

（4）账实调整：

①在"账实调整"页面，点击"账实调整"，将显示符合条件的"盘库计划列表"；

②在"盘库计划列表"操作栏中点击"差异盘库结果"，显示"差异盘库结果"页面，在该页面按照公司内部情况，进行库存的调整；

③调整完成后，点击"保存并结束盘库"，返回"账实调整"页面，最终保存的库存记录以调整后的库存记录为准。

帐实调整

盘库计划 盘库结果录入 差异结果分析 帐实调整 盘库记录查询

计划列表				
盘库单号	盘库日期	客户名称	仓库名称	操作
PK0001_11010005_070420_01	2007-04-20	北海粮油物流中心	马驹桥1号库	差异盘库结果

帐实调整 > 盘库结果											

盘库计划　盘库结果录入　差异结果分析　帐实调整　盘库记录查询

客户名称：北海粮油物流中心
库房：马驹桥1号库
盘库单号：PK0001_11010005_070420_01
盘库日期：2007-04-20

差异盘库结果

货物品种	货物规格	货物编号	出厂批号	生产日期	存放货位	货物状态	库存记录（件）	盘库记录（件）	调整库存（件）	库存记录（个）	盘库记录（个）	调整库存（个）
ARO调和油	5L×4	75010800			食品	完好	300	298	298	300	298	298

保存　保存并结束盘库　取消

（5）盘库记录查询：

①在"盘库记录查询"页面，点击"盘库记录查询"，显示"盘库记录查询"页面；

②在"盘库记录查询"页面输入"客户"、"库房"及"盘库日期"信息后，点击"查询"按钮，系统将出现符合条件的客户盘库信息；

③点击"查看盘库结果"，在"差异盘库结果"页面中查看差异原因；

④点击"返回"按钮，返回盘库记录查询页面。

3.3.6.3　库存查询

（1）客户货物库存。在系统主界面，点击"仓储管理→库存查询→客户货物库存"，显示"客户货物库存查询"页面，在该页面中选择"客户"、"库房"、"货物"、"批号"、"入库时间段"等查询条件，点击"查询"按钮，显示"库存记录列表"页面，在该页面查看"入库"和"出库"记录。

客户库存查询

客户货物库存查询

客户：	北海粮油 ▼　北海粮油物流中心 ▼
库房：	马驹桥1号库 ▼
货物：	(福掌柜）餐饮油　　▼
批号：	
入库时间段：	到

查询

客户库存查询 > 库存记录列表

客户名称：北海粮油物流中心
库房名称：马驹桥1号库

货物品种	货物规格	产品编码	当前库存（件）	当前库存（个）	库存预警	操作
（福掌柜）餐饮油	10L×2	73021502	140	140	!	入库记录 出库记录
合计			140	140		

返回

3.3.7 应收结算员操作演示（13号角色执行）

在仓储业务管理中，应收结算员负责对仓储应收款项进行结算管理。

3.3.7.1 定价

（1）在系统主界面，点击"结算管理→应收款查询→仓储应收款"，显示"仓储应收款查询"页面；

（2）在"仓储应收款查询"页面输入"客户"、"业务类型"、"结算日期"、"库房"等信息后，在操作类型中选择"定价"；

（3）点击"下一步"按钮，显示"入库记录列表"，在该列表中将显示符合条件的入库记录费用信息；

（4）如费用信息需修改，则点击操作栏中"入库单明细"按钮，显示"入库单明细"及"货物明细"页面，在"货物明细"页面中对货物费用信息进行修改后，点击"保存货物明细定价"按钮保存信息；

（5）完成后点击"入库单明细"中的"从货物明细求和"按钮对定价信息进行统计；

（6）完成后点击"保存入库单定价"，返回"入库记录列表"页面。此时，"入库记录列表"中的费用信息将被修改；

（7）点击"打印清单"，打印信息；

（8）点击"返回查询页"，返回"仓储应收款查询"页面。

仓储应收款查询

	仓储应收款查询	
客户：	北海粮油 ⌄ 北海粮油物流中心 ⌄	**
业务类型：	入库业务 ⌄	**
结算日期：	到	**
库房：	马驹桥1号库 ⌄	
操作类型：	⦿定价 ○结算 ○审核 ○查询	

下一步

仓储服务业务应收查询 > 应收款统计

客户名称：北海粮油物流中心
库房：马驹桥1号库
业务类型：入库业务
结算周期：从 2007-04-01 到 2007-04-30

入库记录列表

入库日期	委托单号	入库单号	入库库房	入库费用（元）	搬卸费用（元）	其它费用（元）	合计（元）	操作
2007-04-16	RW0001_070419_0001	001	马驹桥1号库	7000.00	900.00	1800.00	9700	入库单明细
			合计（元）：	7,000.00	900.00	1,800.00	9,700.00	

[打印清单]　[返回查询页]

入库单明细

入库客户：	北海粮油物流中心	入库库房：	马驹桥1号库
委托单号：	RW0001_070419_0001	委托受理人：	001
委托备注：			
入库单号：	001	入库日期：	2007-04-16
入库备注：			
运单号码：	001	运送单位：	BTBU
车牌号码：	A	司机：	李
交接库管员：	张	到库时间：	2007-04-18
验收备注：			
入库费用：	7000 （元）	搬卸费用：	900 （元）
其它费用：	1800 （元）	从货物明细求和	

[保存入库单定价]　[返回]

货物明细

货物品种	货物规格	货物编号	包装	重量	体积	实入数量（件）	实入数量（个）	入库费用（元）	搬卸费用（元）	其它费用（元）
(福学柜)餐饮油	10L×2	73021502	纸箱	0	0	500	500	3000	800	1000
ARO调和油	5L×4	75010800	纸箱	0	0	600	600	4000	100	800

[保存货物明细定价]

3.3.7.2 结算

(1) 在"**仓储应收款查询**"页面操作类型中选择"结算"，点击"下一步"按钮，显示"入库记录列表"页面，在该页面将显示符合条件的入库记录费用信息，选择符合条件的入库记录，填写"实收"费用信息后，点击"保存"按钮，保存信息；

(2) 点击"打印清单"，打印信息；

(3) 点击"返回查询页"，返回"仓储应收款查询"页面。

客户名称：北海粮油物流中心
库房：马驹桥1号库
业务类型：入库业务
结算周期：从 2007-04-01 到 2007-04-30

入库日期	委托单号	入库单号	入库库房	入库费用（元）	撬卸费用（元）	其它费用（元）	应收合计（元）	实收（元）
2007-04-16	RW0001_070419_0001	001	马驹桥1号库	7000.00	900.00	1800.00	9700	9700.00
合计（元）：				7,000.00	900.00	1,800.00	9,700.00	9,700.00

[保存] [打印清单] [返回查询页]

3.3.7.3 审核

①在"仓储应收款查询"页面操作类型中选择"审核"，点击"下一步"按钮，将显示符合条件的入库记录列表，对相关费用信息进行审核；
②点中入库记录列表右面的复选框，表示审核通过；
③点击"保存"按钮，保存信息；
④点击"返回查询页"，返回"仓储应收款查询"页面。

客户名称：北海粮油物流中心
库房：马驹桥1号库
业务类型：入库业务
结算周期：从 2007-04-01 到 2007-04-30

入库日期	委托单号	入库单号	入库库房	入库费用（元）	撬卸费用（元）	其它费用（元）	应收合计（元）	实收（元）	
2007-04-16	RW0001_070419_0001	001	马驹桥1号库	7000.00	900.00	1800.00	9700	9700.00	☑
合计（元）：				7,000.00	900.00	1,800.00	9,700.00	9,700.00	

[保存] [返回查询页]

3.3.7.4 查询

①在"仓储应收款查询"页面操作类型中选择"查询"，点击"下一步"按钮，将显示符合条件的入库记录列表，此时，入库记录列表中的"状态"变为"已审核"；
②查询相关信息后，点击"返回查询页"，返回"仓储应收款查询"页面。

	客户名称：北海粮油物流中心
	库房：马驹桥1号库
	业务类型：入库业务
	结算周期：从 2007-04-01 到 2007-04-30

入库记录列表

入库日期	委托单号	入库单号	入库库房	入库费用（元）	搬卸费用（元）	其它费用（元）	应收合计（元）	实收（元）	状态
2007-04-16	RW0001_070419_0001	001	马驹桥1号库	7000.00	900.00	1800.00	9700	9700.00	已审核
合计（元）：				7,000.00	900.00	1,800.00	9,700.00	9,700.00	

返回查询页

3.3.8 应付结算员操作演示（14号角色执行）

在仓储业务管理中，应付结算员负责对仓储应付款项进行结算管理。

3.3.8.1 定价

①在系统主界面，点击"结算管理→应收款查询→仓储应付款"，显示"仓储应付款查询"页面；

②在"仓储应付款查询"页面；输入"结算日期"、"供应商"、"费用类型"、"库房"等信息后，在操作类型中选择"定价"；

③点击"下一步"按钮，显示"入/出库记录列表"页面，该页面将显示符合条件的入/出库记录费用信息；

④点击操作栏中"入库明细"或"出库明细"按钮，对入/出库成本费用信息进行修改；

⑤返回"入/出库记录列表"页面。此时，"入库记录列表"中的费用信息将被修改；

⑥点击"打印清单"，打印信息；

⑦点击"返回查询页"，返回"仓储应付款查询"页面。

仓储应付款查询	
结算日期：	2007-04-01 到 2007-04-30 **
供应商：	--选择--
业务类型：	--选择--
费用类型：	--选择--
库房：	马驹桥1号库
操作类型：	⊙定价 ○结算 ○审核
	下一步

库房：马驹桥1号库
结算周期：从 2007-04-01 到 2007-04-30

入/出库日期	业务	委托单号	入/出库单号	库房	入/出库成本（元）	支付对方	搬卸成本（元）	支付对方	其它成本（元）	支付对方	合计	操作
2007-04-16	入库	RW0001_070419_0001	001	马驹桥1号库	2000		400		400		2800	入库明细
2007-04-19	出库	CW0001_070420_0001	002	马驹桥1号库	800		100		100		1000	出库明细
合计（元）：					2800		500		500		3800	

[打印清单] [返回查询页]

3.3.8.2 结算

①在"仓储应付款查询"页面输入查询条件后，在操作类型中选择"结算"，点击"下一步"按钮，将显示符合条件的"入/出库记录列表"，在该页面填写"实付"费用信息后点击"保存"按钮，保存信息；

②点击"返回查询页"，返回"仓储应付款查询"页面。

库房：马驹桥1号库
业务类型：入库业务
结算周期：从 2007-04-01 到 2007-04-30

入/出库日期	业务	委托单号	入/出库单号	库房	入/出库成本应付（元）	支付对方	搬卸成本应付（元）	支付对方	其它成本应付（元）	支付对方	应付合计	入/出库成本实付（元）	搬卸成本实付（元）	其它成本实付（元）
2007-04-16	入库	RW0001_070419_0001	001	马驹桥1号库	2000		400		400		2800	2000	400	400
合计（元）：					2000		400		400		2800	0	0	0

[保存] [打印清单] [返回查询页]

库房：马驹桥1号库
业务类型：出库业务
结算周期：从 2007-04-01 到 2007-04-30

入/出库日期	业务	委托单号	入/出库单号	库房	入/出库成本应付（元）	支付对方	搬卸成本应付（元）	支付对方	其它成本应付（元）	支付对方	应付合计	入/出库成本实付（元）	搬卸成本实付（元）	其它成本实付（元）
2007-04-19	出库	CW0001_070420_0001	002	马驹桥1号库	800		100		100		1000	800	100	100
				合计（元）:	800		100		100		1000	800	100	100

[保存] [打印清单] [返回查询页]

3.3.8.3 审核

①在"仓储应付款查询"页面输入查询条件后，在操作类型中选择"审核"，点击"下一步"按钮，将显示符合条件的"入/出库记录列表"，在该列表中对相关费用信息进行审核后，点中右面的复选框，点击"保存"按钮，保存审核记录；

②点击"返回查询页"，返回"仓储应收款查询"页面。

库房：马驹桥1号库
业务类型：入库业务
结算周期：从 2007-04-01 到 2007-04-30

入/出库日期	业务	委托单号	入/出库单号	库房	入/出库成本应付（元）	支付对方	搬卸成本应付（元）	支付对方	其它成本应付（元）	支付对方	入/出库成本实付（元）	搬卸成本实付（元）	其它成本实付（元）	审核
2007-04-16	入库	RW0001_070419_0001	001	马驹桥1号库	2000		400		400		2000	400	400	☑
				合计（元）:	2000		400		400		2800	2000	400	400

[保存] [返回查询页]

库房：马驹桥1号库
业务类型：出库业务
结算周期：从 2007-04-01 到 2007-04-30

入/出库记录列表												
入/出库日期	业务	委托单号	入/出库单号	库房	入/出库成本应付（元）	支付对方	搬卸成本应付（元）	支付对方	其它成本应付（元）	支付对方	入/出库成本实付（元）	搬卸成本实付（元）	其它成本实付（元）	审核
2007-04-19	出库	CW0001_070420_0001	002	马驹桥1号库	800		100		100		800	100	100	☑
合计（元）：					800		100		100		1000	800	100	100

[保存] [返回查询页]

【思考与创新】

1. 请详细描述入库管理信息化流程。
2. 请详细描述出库管理信息化流程。
3. 请详细描述盘库管理信息化流程。
4. 请详细描述仓储结算管理信息化流程。

4 仓储业务仿真实验

【实验目的】

本单元按照项目管理的思想,并结合仓储物流信息化管理流程设计仓储业务仿真实验,即按项目管理的要求成立若干个不同的实验项目组(项目数量视受训人员数量而定,原则是每个项目组至少包含仓储管理的8个角色),要求每一项目组成员按照仓储业务流程与岗位设置进行角色扮演,分岗位、分角色协同完成不同实验单据的仓储训练。训练完成后按要求分组完成综合实验报告。本单元的目的是使学生通过角色体验,在实践的基础上熟悉仓储信息化管理流程及相应的角色职能;并通过分角色合作训练树立团队协作精神。

【实验内容】

本单元由2个教学环节组成。即4.1 仓储业务仿真实验项目;4.2 实验报告。

4.1 仓储业务仿真实验项目

根据实训学员数量,在 BTBU 物流公司组织机构框架下新增若干个实验项目组(原则是每一实验项目组能覆盖仓储物流信息化管理流程的8个角色),由教师为每一实验项目组指定项目(系统)管理员,由项目管理员负责该项目的角色分配,并组织协调项目的完成;之后,分小组写出实验报告。注意:同一项目资源可以共享,不同项目资源不能共享。

实验项目：4-1

项目名称：海天出版社图书发行部项目组

甲方：海天出版社图书发行部

乙方：BTBU 联合物流公司

参考信息：

客户基本信息：客户全称：海天出版社；企业性质：国有企业；业务范围：图书发行、出版；地址：北京德外大街26号；邮政编码：100020；联系人：张总；电话：010-61000000；传真：010-61000001；联系人职务：总经理；二级客户：海天出版社图书发行部；联系人：李总。库房租用情况：租用马驹桥1号库。

货物字典：货物名称：史料图书，规格：1×3，货物类别：图书，包装：纸箱，单位体积：0.4立方米，单位重量：3公斤，单位价值：200元，库存预警量：800件。货物名称：FLASH实例，规格：3×2，货物类别：IT技术图书，包装：纸箱；单位体积：0.4立方米，单位重量：3.2公斤，单位价值：350元，库存预警量：1000件。货物名称：JSP应用开发图书；规格：2×3，货物类别：IT技术图书，包装：纸箱，单位体积：0.4立方米，单位重量：4公斤，单位价值：490元；库存预警量：2000件。

角色扮演：

角色名称	角色代码	用户名	密码
系统管理员			
资源管理员			
客户管理员			
入库管理员			
库内管理员			
出库管理员			
应收结算员			
应付结算员			

实验项目：4-2

项目名称：海天出版社图书管理处项目组

甲方：海天出版社图书管理处

乙方：BTBU 联合物流公司

参考信息：

客户基本信息：客户全称：海天出版社；企业性质：国有企业；业务范围：图书发行、出版；地址：北京德外大街 26 号；邮政编码：100020；联系人：张总；电话：010-61000002；传真：010-61000002；联系人职务：总经理；二级客户：海天出版社图书管理处；联系人：王总；库房租用情况：租用马驹桥 2 号库。

货物字典：货物名称：JAVA 应用开发；规格：2×3，货物类别：IT 技术图书，包装：纸箱，单位体积：0.4 立方米，单位重量：3 公斤，单位价值：290 元，库存预警量：4000 件。货物名称：网络应用，规格：3×2，货物类别：IT 技术图书，包装：纸箱，单位体积：0.4 立方米，单位重量：3.2 公斤，单位价值：350 元，库存预警量：1000 件。货物名称：时间简史；规格：3×6，货物类别：图书，包装：纸箱，单位体积：0.4 立方米，单位重量：3 公斤，单位价值：360 元；库存预警量：1500 件。

角色扮演：

角色名称	角色代码	人员分配	机位分配
系统管理员			
资源管理员			
客户管理员			
入库管理员			
库内管理员			
出库管理员			
应收结算员			
应付结算员			

实验项目：4-3

项目名称：海淀佳美超市项目组
甲方：海淀佳美超市
乙方：BTBU 联合物流公司
参考信息：

客户基本信息：客户全称：佳美超市，企业性质：集体企业，业务范围：日用百货，地址：北京市海淀区天源3号，邮政编码：100000，联系人：刘平，电话：010-64457266，传真：010-64457266，联系人职务：总经理；二级客户：海淀佳美超市，联系人：王平；库房租用情况：租用马驹桥3号库房。

货物字典：货物名称：XO酒，规格：3×8，货物类别：酒水类食品，包装：其他，单位体积：1立方米，单位重量：0.2公斤，单位价值：200元，库存预警量：2000件；货物名称：茉莉花茶，规格：5×9，货物类别：酒水类食品，包装：其他，单位体积：0.02立方米，单位重量：0.1公斤，单位价值：12元，库存预警量：1900件。

角色扮演：

角色名称	角色代码	人员分配	机位分配
系统管理员			
资源管理员			
客户管理员			
入库管理员			
库内管理员			
出库管理员			
应收结算员			
应付结算员			

实验项目：4-4

项目名称：西直门佳美超市项目组

甲方：西直门佳美超市

乙方：BTBU 联合物流公司

参考信息：

客户基本信息：客户全称：佳美超市，企业性质：集体企业，业务范围：日用百货，地址：北京市西直门开源5号，邮政编码：100000，联系人：张明，电话：010-64457266，传真：010-64457266，联系人职务：总经理；二级客户：西直门佳美超市，联系人：张明亮，库房租用情况：租用马驹桥4号库房。

货物字典：货物名称：口子酒，规格：1×8，货物类别：酒水类食品，包装：纸箱，单位体积：0.1立方米，单位重量：0.3公斤，单位价值：90元。库存预警量：2000件。货物名称：中华牌香烟，规格：1×8，货物类别：酒水类食品，包装：纸箱，单位体积：0.2立方米，单位重量：0.1公斤，单位价值：190元；库存预警量：1800件。

角色扮演：

角色名称	角色代码	人员分配	机位分配
系统管理员			
资源管理员			
客户管理员			
入库管理员			
库内管理员			
出库管理员			
应收结算员			
应付结算员			

实验项目：4-5

项目名称：北京阜成门万华商场项目组

甲方：北京阜成门万华商场

乙方：BTBU联合物流公司

参考信息：

客户基本信息：客户全称：北京万华商场，企业性质：集体企业，地址：北京市西城区阜外大街1号；邮政编码：100037，联系人：张小明，电话：010-68385600，传真：010-68385600，联系人职务：销售部经理；二级客户：北京阜成门万华商场，联系人：刘芳，电话：010-52521250，传真：010-52521250，联系人职务：采购主管。库房租用情况：租用马驹桥5号库房。

货物字典：货物名称：金利莱领带，规格：1×6，货物类别：服装配件，包装：纸箱，单位体积：0.004立方米，单位重量：0.3公斤，单位价值：929元，库存预警量：1000件；货物名称：PLAYBOY钱包，规格：1×9，货物类别：饰品，包装：纸箱，单位体积：0.004立方米，单位重量：0.3公斤，单位价值：635元，库存预警量：500件；货物名称：A3打印纸，规格：A3；货物类别：办公耗材；包装：纸箱，单位体积：0.004立方米，单位重量：0.3公斤，单位价值：30元，库存预警量：1000件。

角色扮演：

角色名称	角色代码	人员分配	机位分配
系统管理员			
资源管理员			
客户管理员			
入库管理员			
库内管理员			
出库管理员			
应收结算员			
应付结算员			

实验项目：4-6

项目名称：北京安贞万华项目组

甲方：北京安贞万华商场

乙方：BTBU 联合物流公司

参考信息：

客户基本信息：客户全称：北京安贞万华商场，企业性质：集体企业，地址：北京海淀区安贞桥东 100 米，邮政编码：100037，联系人：张开平，电话：010-68585632，传真：010-68585632，联系人职务：销售部经理；二级客户：北京安贞万华商场，联系人：刘平，电话：010-52121250，传真：010-52135652，联系人职务：采购主管。库房租用情况：租用马驹桥 6 号库房。

货物字典：货物名称：A4 打印纸，规格：A4，货物类别：办公耗材，包装：纸箱，单位体积：0.004 立方米，单位重量：0.3 公斤，单位价值：20 元，库存预警量：10000 件；货物名称：圆珠笔，规格：0.3，货物类别：办公耗材，包装：纸箱，单位体积：0.004 立方米，单位重量：0.3 公斤，单位价值：2 元，库存预警量：1000 件；货物名称：佳能计算器，规格：5×9，货物类别：办公耗材，包装：纸箱，单位体积：0.004 立方米，单位重量：0.3 公斤，单位价值：235 元，库存预警量：1000 件。

角色扮演：

角色名称	角色代码	人员分配	机位分配
系统管理员			
客户管理员			
入库管理员			
库内管理员			
出库管理员			
应收结算员			
应付结算员			

4.2 实验报告

【实验目的】
按项目管理的要求成立若干个不同的实验项目组，要求每一项目组成员按照仓储业务流程与岗位设置进行角色扮演，分岗位、分角色协同完成不同实验单据的仓储训练，训练完成后按要求分组完成综合实验报告。使学生通过角色体验，在实践的基础上熟悉仓储物流信息化管理流程及相应的角色职能；并通过分角色协同训练树立团队协作精神。

【实验内容】
1. 按仓储业务要求进行业务设计。

2. 按实验单据要求录入数据,并保存到系统。实验流程描述如下:

【思考与创新】

1. 入库管理包括哪几个重要步骤?
2. 在入库验收中,核销货物的主要含义是什么?
3. 出库验收包括哪些内容?
4. 盘库管理中的账实调整应以什么数据为准?

5 运输信息化管理演示实验

【实验目的】

本单元通过运输客户案例导入，进行运输业务仿真设计和业务流程分析，在BTBU联合物流公司架构的基础上，分析运输信息化管理流程，并由教师重点演示运输信息化管理的不同角色，为下一单元学员的分角色合作训练做好准备。

【实验内容】

本单元由3个教学环节组成，即：5.1 运输业务案例导入；5.2 运输业务信息化管理流程；5.3 角色扮演与操作演示。

5.1 运输业务案例导入

5.1.1 运输客户业务背景

好丽友食品有限公司成立于1956年，是韩国四大食品公司之一。好丽友公司自1997年开始正式生产运营，现该公司生产的产品包括好丽友·派、好丽友·口香糖、好丽友·膨化食品等。

BTBU联合物流公司在进行广泛深入的市场调研后，致力于与好丽友食品有限公司建立长期战略合作伙伴关系，从2001年初，BTBU联合物流公司正式与好丽友食品有限公司达成市内及城市间运输配送协议。

刚开始时，业务量非常小，BTBU联合物流公司只负责好丽友食品有限公司华北地区的运输。2002年，BTBU联合物流公司分别在西安、武汉建了自己的仓库，从此BTBU联合物流公司的业务范围从单一的华北地区扩大到华中以及西北地区，业务量增加了，业务范围也从简单的运输业务扩大到仓储业务，效益也有了明显的增加。

到目前为止，BTBU联合物流公司承担起好丽友食品有限公司华北、西北、华中地区主营产品的运输、仓储及配送任务。由于BTBU联合物流公司的不断努力，好丽友食品有限公司业务量比原来有了相当大的提高，BTBU联合物流公司的服务水平也有了质的飞跃。

5.1.2 运输业务仿真设计

项目名称：好丽友北京营业本部项目组

甲方：好丽友北京营业本部

乙方：BTBU 联合物流公司

业务设计：

好丽友北京营业本部委托 BTBU 联合物流公司于×年×月×日运送货品1：9粒装口香糖1400件，货品2：促销服100件到河北廊坊，BTBU 联合物流公司确认委托后成立好丽友北京营业本部项目组，为其提供运输服务。

1. 委托单及订单管理员按照好丽友北京营业本部要求录入详细委托单，对客户委托单进行集货调度后，将委托单转化为订单；
2. 运单调度员对已生成订单"好丽友北京营业本部 – 北京海淀区 – 河北廊坊"进行调度后生成运单，要求按货物种类不同将订单拆分成两笔运单；
3. 路单调度员为"好丽友北京营业本部 – 北京海淀区 – 河北廊坊"两笔运单调配不同的车辆，并形成路单；
4. 运单监控员对"好丽友北京营业本部 – 北京海淀区 – 河北廊坊"未跟踪运单进行在途跟踪；
5. 运单签收员对好丽友北京营业本部已监控运单进行签收；
6. 路单核销员对好丽友北京营业本部已调度路单进行核销；
7. 应收结算员对好丽友北京营业本部运输应收款进行结算操作；
8. 应付结算员对好丽友北京营业本部运输应付款进行结算操作。

5.1.3 运输业务流程分析

运输基本业务可以分为：运输委托、运输调度及监控、结算业务。具体包括：委托单填写、生成订单、运单调度、路单调度、运输监控、运单签收、路单核销、应收结算和应付结算等多项业务。其业务流程图如下图所示。

其中，运输委托主要实现委托单的录入、对新增的委托单进行集货，分配车辆、对已存在的委托单进行查询等操作。

运输调度与监控包括对订单与路单的调度；对运输途中的货物进行实时的跟踪记录；对运单进行签收和对路单进行核销。

结算业务主要包括运输应收和运输应付。运输应收是承运商应该收取的费用；运输应付是物流企业在完成客户运输后，应该付给物流企业的费用。

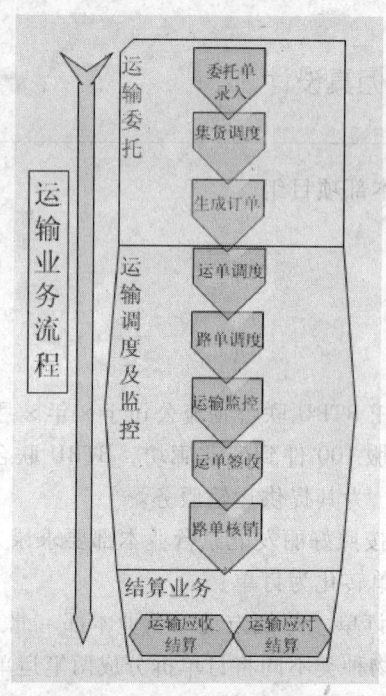

5.2 运输业务信息化管理流程

运输信息化管理流程涉及第三方物流信息管理系统中的系统管理、资源管理、客户管理、运输业务与结算管理 5 个子功能模块，结合运输业务流程及角色职能，可细分为 11 个步骤，分别由 11 个角色来承担相应管理职责，并可进行多角色合作演练。上述流程图示如下：

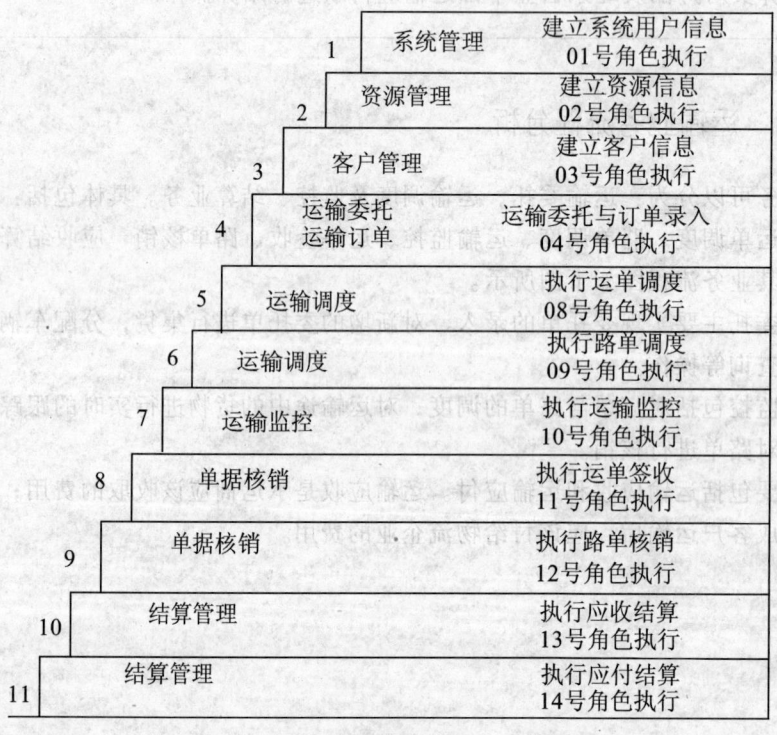

5.3 角色扮演与操作演示

5.3.1 系统管理员操作演示（01号角色执行）

在运输业务管理中，系统管理员的主要职责是建立运输系统用户信息，为用户授权并进行项目管理。

5.3.1.1 新建用户

（1）在系统主页面中，点击"系统管理→系统用户管理"，进入"系统用户管理"页面，在该页面点击"添加"按钮，建立用户信息。

用户基本信息如下：

角色扮演	用户名	密码
系统管理员	js01	***
资源管理员	js02	***
客户管理员	js03	***
委托及订单管理员	js04	***
运单调度员	js08	***
路单调度员	js09	***
运输监控员	js10	***
运单签收员	js11	***
路单核销员	js12	***
应收结算员	js13	***
应付结算员	js14	***

（2）信息添加完成后，返回系统用户管理页面，点击操作栏中的"菜单分配"按钮，进入"管理用户菜单分配"页面，点击"继承角色分配"按钮，为新建用户分配相应权限。

系统用户管理

真实姓名	用户名	单位名称	系统角色	联系电话	状态	操作
001	001	BTBU联合物流公司	系统管理员		有效	编辑 删除 菜单分配
系统管理员	administrator	易通交通信息发展有限公司	系统管理员		有效	编辑 删除 菜单分配
js01	js01	BTBU联合物流公司	系统管理员		有效	编辑 删除 菜单分配
js02	js02	BTBU联合物流公司	资源管理员		有效	编辑 删除 菜单分配
js03	js03	BTBU联合物流公司	客户管理员		有效	编辑 删除 菜单分配
js04	js04	BTBU联合物流公司	委托单及订单管理员		有效	编辑 删除 菜单分配
js05	js05	BTBU联合物流公司	入库管理员		有效	编辑 删除 菜单分配
js06	js06	BTBU联合物流公司	出库管理员		有效	编辑 删除 菜单分配
js07	js07	BTBU联合物流公司	库内管理员		有效	编辑 删除 菜单分配
js08	js08	BTBU联合物流公司	运单调度员		有效	编辑 删除 菜单分配

添加

5.3.1.2 新增项目

（1）在系统主页面中，点击"系统管理→项目管理"，进入"项目管理"页面，在该页面点击"新增项目"按钮，进入"编辑项目"页面；

（2）在"编辑项目"页面填写加"项目名称"，选择相应"客户"后，点击"保存"按钮，返回"项目管理"页面；

（3）点击"项目管理"页面操作栏内的"项目成员"按钮，进入"项目成员分配"页面，在该页面进行项目成员分配。

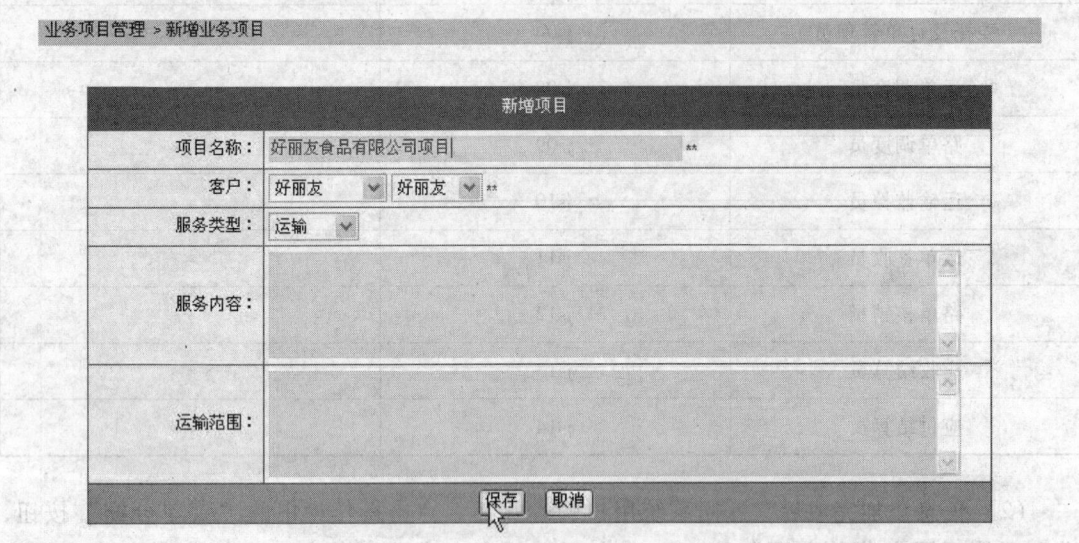

5.3.2 资源管理员操作演示（02号角色执行）

在运输业务管理中，资源管理员的主要职责是建立运输承运商和车辆信息。

5.3.2.1 建立承运商基本信息

（1）在系统主界面，点击"资源管理→承运商管理"，在"承运商管理"页面点击"新增承运商"按钮，添加新的承运商；

（2）点击"编辑"按钮，对已有承运商信息进行编辑；

（3）点击"删除"按钮，删除承运商信息。

新增承运商					
编号	A0000_0035				
单位全称				单位简称	
办公地址					
库房地址					
负责人	姓名		电话		传真	
	手机		电子邮箱			
结算员	姓名		电话		传真	
	手机		电子邮箱			
联系	姓名		电话		传真	

5.3.2.2 建立车辆信息

（1）点击系统主界面"资源管理→商业资源管理→车辆信息管理"，在"车辆管理"页面点击"新增车辆"按钮，新增车辆基本信息；

（2）点击"保存"按钮，保存信息；

（3）点击"返回"按钮，返回"车辆管理"页面。

基本信息			
车牌号		行驶证号	
驾驶员		联系电话	
品牌		车型	---请选择--- ∨
车辆性质	自有车辆 ∨	车辆归属	易通公司 ∨
年检日期	1 ∨ 月 1 ∨ 日	等评日期	1 ∨ 月 1 ∨ 日
第一次二维时间	1 ∨ 月 1 ∨ 日	第二次二维时间	1 ∨ 月 1 ∨ 日
第三次二维时间	1 ∨ 月 1 ∨ 日		

详细信息			
注意：自有车辆请填写详细信息，其它车辆不用填写			
发动机号		车架号	
自重	（吨）	额定载重	（吨）
计算耗油量	（升）	额定耗油量	（升）
生产厂家		长宽高	× × （米）

5.3.3 客户管理员操作演示（03号角色执行）

在运输业务管理中，客户管理员主要负责运输客户基本信息及客户货品信息的维护与管理。

5.3.3.1 添加客户基本信息

（1）在系统主界面，点击"客户管理→客户管理→基本信息"，显示"客户基本信息"页面，在该页面点击"添加一级客户"按钮，显示"新增客户"页面，在该页面添加客户基本信息；

（2）点击"保存"按钮，返回"客户基本信息"页面；

（3）在"客户基本信息"页面，点击"查看二级客户"按钮，显示"客户列表"页面，在该页面点击"添加二级客户"按钮，显示"新增二级客户页面"；

（4）在"新增二级客户页面"填写相关信息后，点击"保存"保存信息。

5.3.3.2 添加收货单位基本信息

（1）在系统主界面，点击"客户管理→客户管理→收货单位"，显示"客户收货人管理"页面；

（2）在"客户收货人管理"页面，选择相应的客户后进入"收货单位列表"页面，在该页面操作栏中点击"新增收货人"按钮，显示"新增收货单位"页面；

（3）在"新增收货单位"页面添加相关基本信息后，点击"保存"按钮，返回"收货单位列表"页面；

（4）点击"编辑"按钮，对已保存信息进行修改；

（5）点击"删除"按钮，删除已有信息。

5.3.3.3 添加货品基本信息

（1）在系统主界面，点击"客户管理→客户管理→货物字典"，显示"客户货物字典"页面；

（2）在"客户货物字典"页面，选择相应"客户"后，进入"货物列表"页面；

（3）在"货物列表"页面，点击"新增货物"按钮，显示"新增货物"页面，在该页面中添加货品基本信息；

（4）点击"保存"按钮，返回"货物列表"页面；

（5）点击"编辑"按钮，对已保存货物信息进行修改；

（6）点击"删除"按钮，删除已有货物信息。

5.3.4 委托及订单调度员操作演示（04号角色执行）

在运输业务管理中，委托单及订单调度员负责录入详细委托单，并将详细委托单转化为订单。❷其操作流程如下：

> ❷运输委托单是委托客户与第三方物流公司达成的运输委托意向书，不具有法律效力，运输委托单分为委托单和详细委托单，详细委托单的信息较委托单更为详尽，详细委托单经过集货环节后可以在订单导入功能模块中转化为订单。

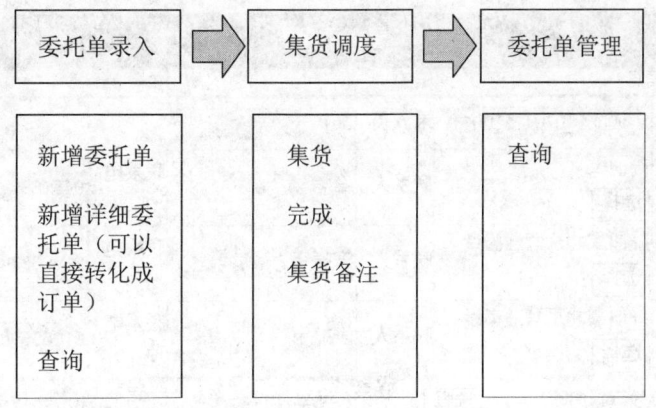

5.3.4.1 新增详细委托单

(1) 在系统主界面，点击"运输管理→运输委托→委托单录入"，显示"新增委托单列表"页面；

(2) 在"新增委托单列表"页面，点击"新增委托单（详细）"按钮，显示"新增详细委托单"页面；

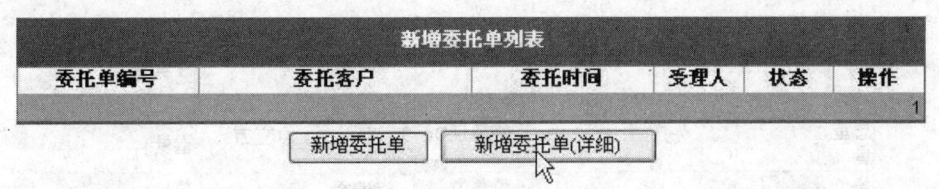

(3) 在"详细委托单"页面，托运信息对话框中选择"托运客户"、"托运子客户"、"发货单位"及"联系电话"、"联系人"等基本信息；

(4) 在"详细委托单"页面，收货信息对话框中选择"收货单位"、"联系人"、"联系电话"、"起运地"、"目的地"、"卸货地点"、"运输方式"、"送达时限"、"签返时限"等基本信息；

(5) 在"详细委托单"页面，货物信息输入框中，输入"制造单位"、"客户订单号"、"货物名称"、"货物规格"、"货物种类"、"货物包装"、"货物总数量"、"单价"、"计价单位"等基本信息后，点击"保存货物"按钮，系统显示"数据添加成功"，则货物信息自动添加在页面下侧货物信息列表中；

(6) 点击"费用信息"输入框中"应收运费"，则系统自动合计出"应收运费"；

(7) 在"费用信息"输入框中，添加"应收提货费"、"应收配送费"、"代收货款"、"其他费用"、"付款单位"、"结算方式"等信息；

(8) 在"费用信息"输入框中，点击"应收合计"，则系统自动合计出"应收费用"；

(9) 信息输入完成后，点击"保存货物"按钮，货物信息将出现在货物列表中；

(10) 点击"保存委托单"，系统显示"数据添加成功"界面。点击"确定"按钮，系统将新增一张委托单；点击"返回"按钮，系统将返回新增委托单页面。

5.3.4.2 集货

（1）点击"运输委托→集货调度"，显示"查询条件"对话框，在该对话框中输入查询条件，点击"查询"按钮，系统将显示全部符合条件的"委托单列表"，选中要进行集货的委托单，点击"集货"操作按钮；

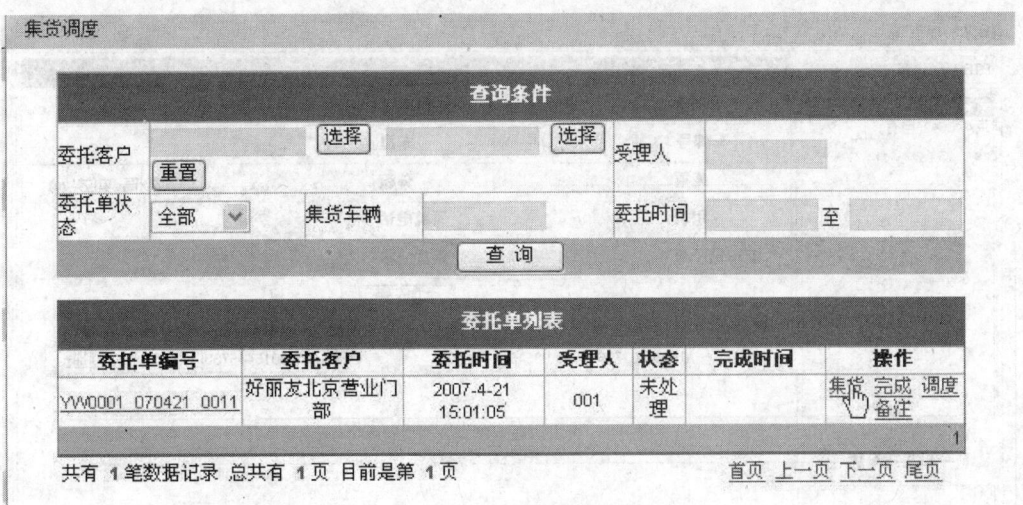

（2）在"集货信息"页面，系统自动显示需要集货的委托单编号，在该页面中选择提货入库库房，并填写"受理人"、"提货人"、"提货时间"、"入库时间"、"备注"等信息后，点击"添加集货车辆"按钮；

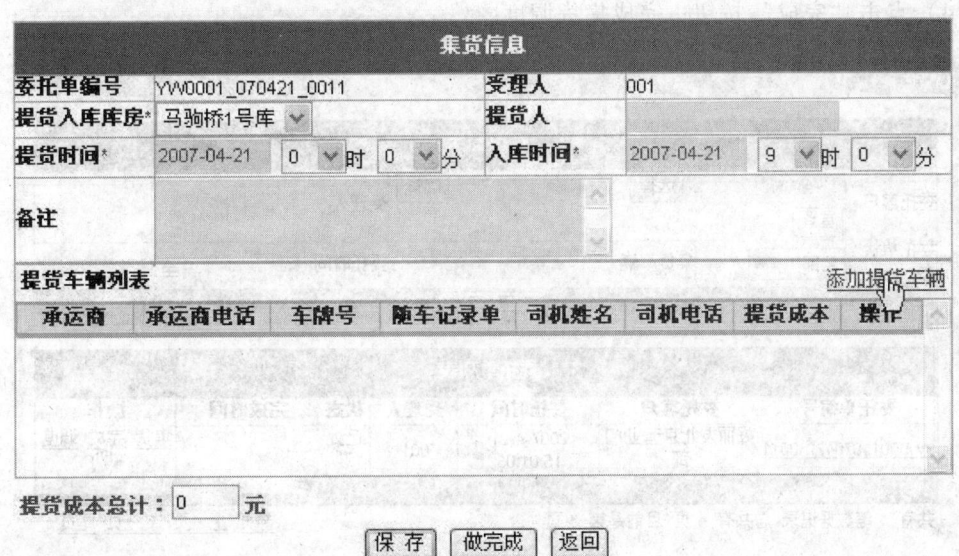

（3）在"编辑集货车辆信息"页面中输入"承运商"、"承运商电话"、"车牌号"、"车型"、"载重"、"体积"、"司机"、"司机电话"、"随车记录单"、"集货成本"等信息。点击"添加车辆"按钮，车辆信息将显示在下面的列表中，点击"返回"按钮，返回"集货调度委托单"列表；

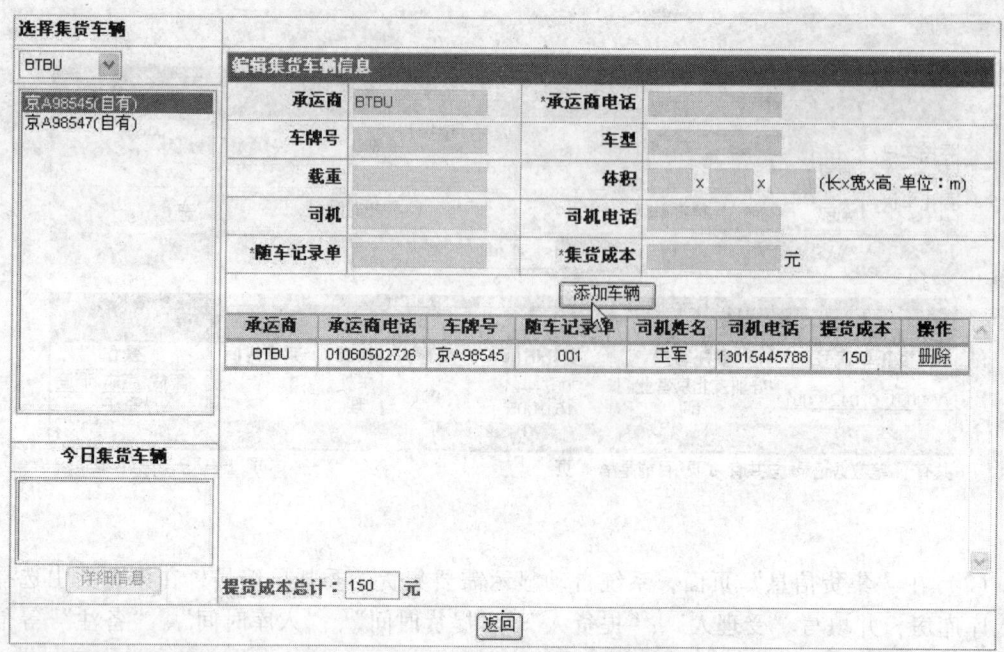

(4) 点击"完成"按钮，完成集货调度。

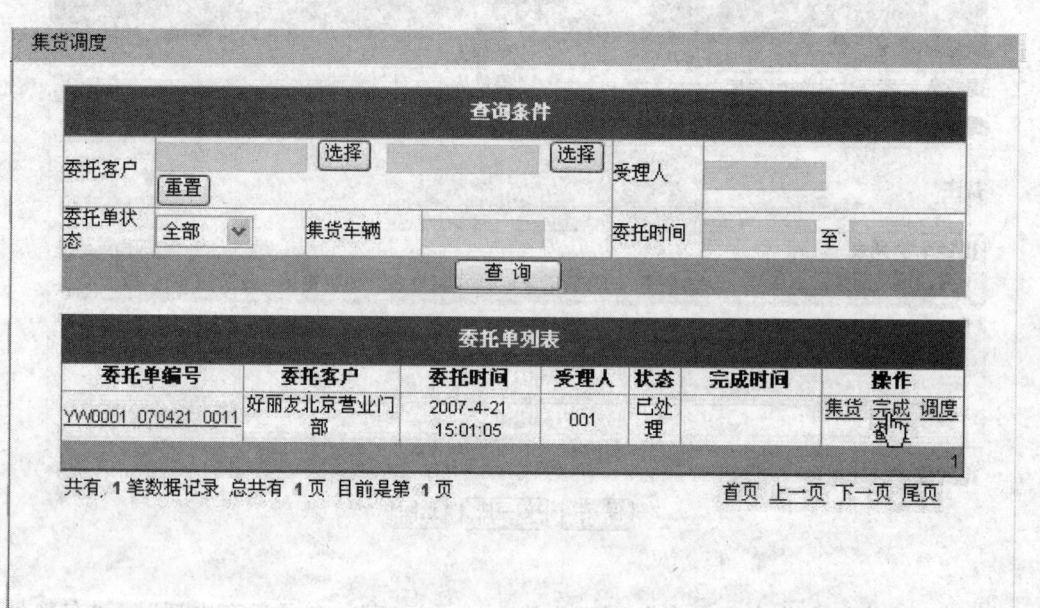

5.3.4.3 订单[3]导入

(1) 在系统主页面，点击"运输管理→运输订单→订单导入"按钮，显示"查询条件"对话框，在该对话框中输入符合查询条件的"客户"信息，点击"查询"按钮，符合条件的客户委托单信息将显示出来；

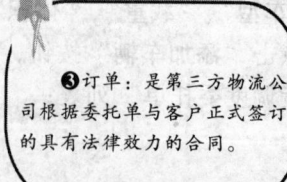

[3]订单：是第三方物流公司根据委托单与客户正式签订的具有法律效力的合同。

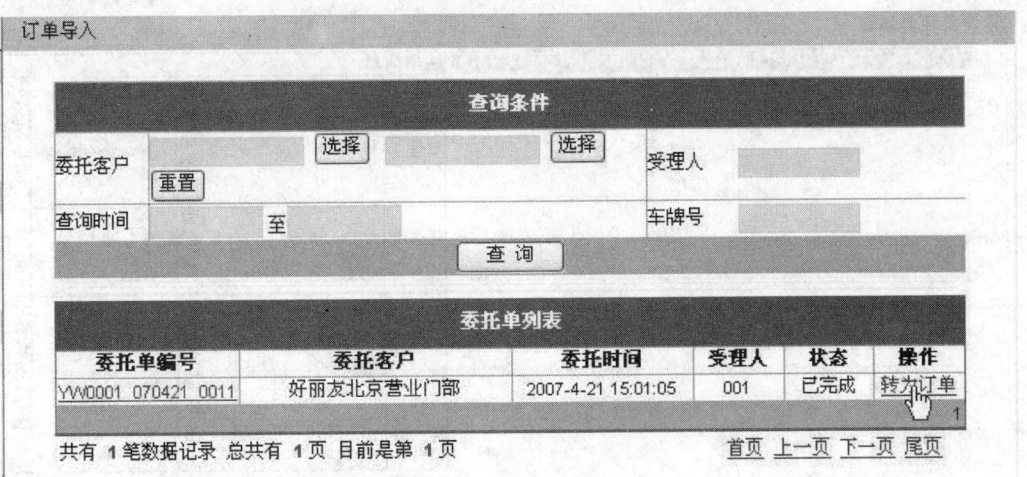

（2）在"委托单列表"操作栏中，点击"转为订单"按钮，已录入详细委托单将转为订单。

5.3.5 运单调度员操作演示（08号角色执行）

在运输业务管理中，运单调度员负责将已形成的订单调度为运单。

5.3.5.1 调度运单❹

（1）在系统主界面，点击"运输管理→运输调度→调度运单"，显示"查询条件"对话框，在该对话框中输入"起始地"和"目的地"后，点击"查询"按钮；

> ❹运单：是第三方物流公司用于货物交接，记载详细货运信息的原始凭证。一般一式六联，包括发货方联、第三方物流公司存联、承运商存联、客户签收联、客户存查联、库房留存联。运单信息一般包括：（1）托运人信息；（2）发货人信息；（3）承运人信息；（4）费用信息；（5）特殊要求信息，如送货上楼、具体到货时间等方面的信息。运单是第三方物流公司为开展业务需要而制定的核心业务单据。

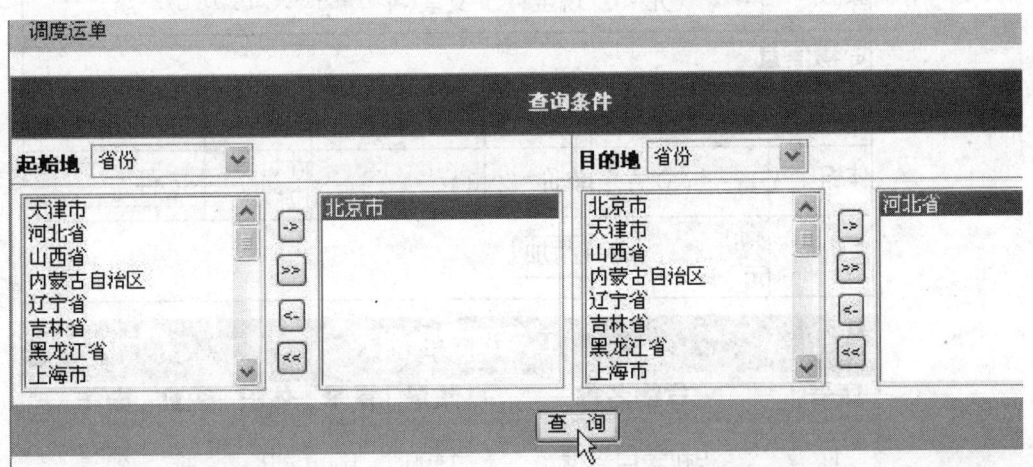

（2）系统界面左侧将显示符合条件的"未调度订单"列表，左键点击调度货物名称，在系统界面右侧"运单信息"页面将显示该运单的订单号，在该页面添加相应的"起运地"、"目的地"、"中转事项"等运单信息；

92　第三方物流仿真与实践

(3) 在界面右侧"承运信息"栏内,选择"承运商",并添加"司机"、"司机电话"等信息;

(4) 在界面右侧"货物信息"栏内,输入需调度货物的"货物数量"和"单价"等信息后,点击"添加"按钮,则货物信息自动保存在"已调度货物列表"中,同时货物费用信息显示在界面右侧"费用信息"栏"应付运费"中;

(5) 在界面右侧"费用信息"栏内,输入"应付配送费"、"应付提货费"、"其他费用"等信息后,点击"应付合计",则费用信息自动显示在该框内;

(6) 信息添加完成后,点击"保存运单"按钮,则在系统界面左侧将不显示该订单。

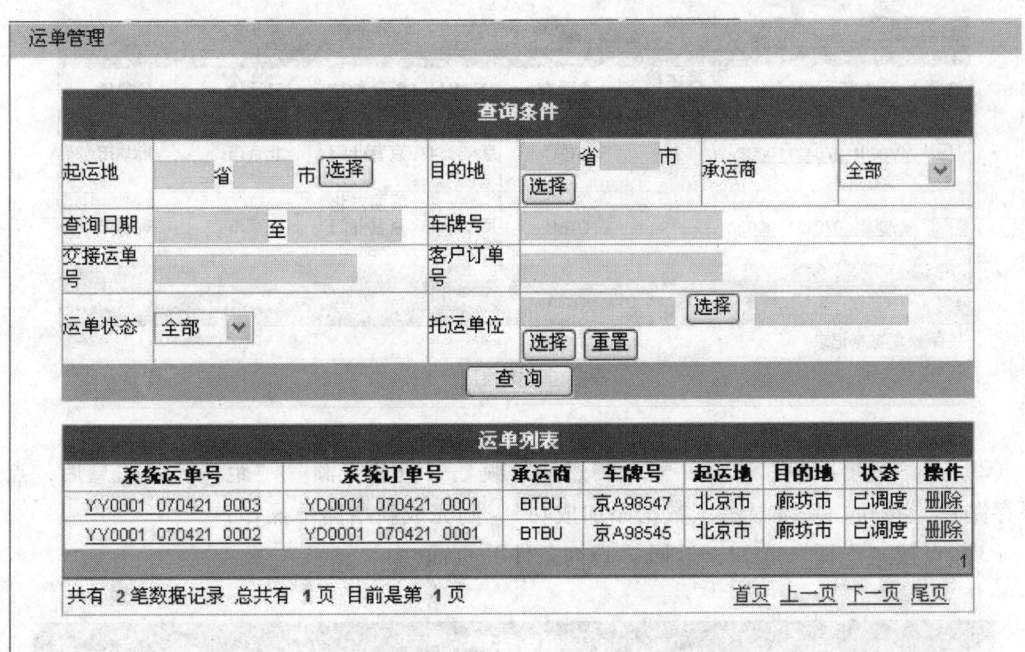

5.3.5.2 运单管理

(1) 在系统主界面,点击"运输管理→运输调度→运单管理",显示"查询条件"对话框,在该对话框中输入"起运地"、"目的地"、"承运商"、"托运单位"等查询条件后,点击"查询"按钮,系统将显示符合条件的运单列表。此时,运单状态为"已调度";

(2) 点击"系统运单号",将显示该运单的详细信息。

5.3.6 路单调度员操作演示(09号角色执行)

在运输业务管理中,路单调度员负责将已形成的运单转化为路单。❺

> ❺路单是第三方物流公司用于车辆管理,核销成本费用的原始凭证。

5.3.6.1 调度路单

(1) 点击"运输管理→运输调度→调度路单",出现"查询条件"对话框,在该对话框中输入"起始地"和"目的地"后,点击"查询"按钮,系统将显示符合条件的运单列表,选中"系统运单号"左边的复选框,点击"生成路单"按钮,显示

"新增路单"页面；

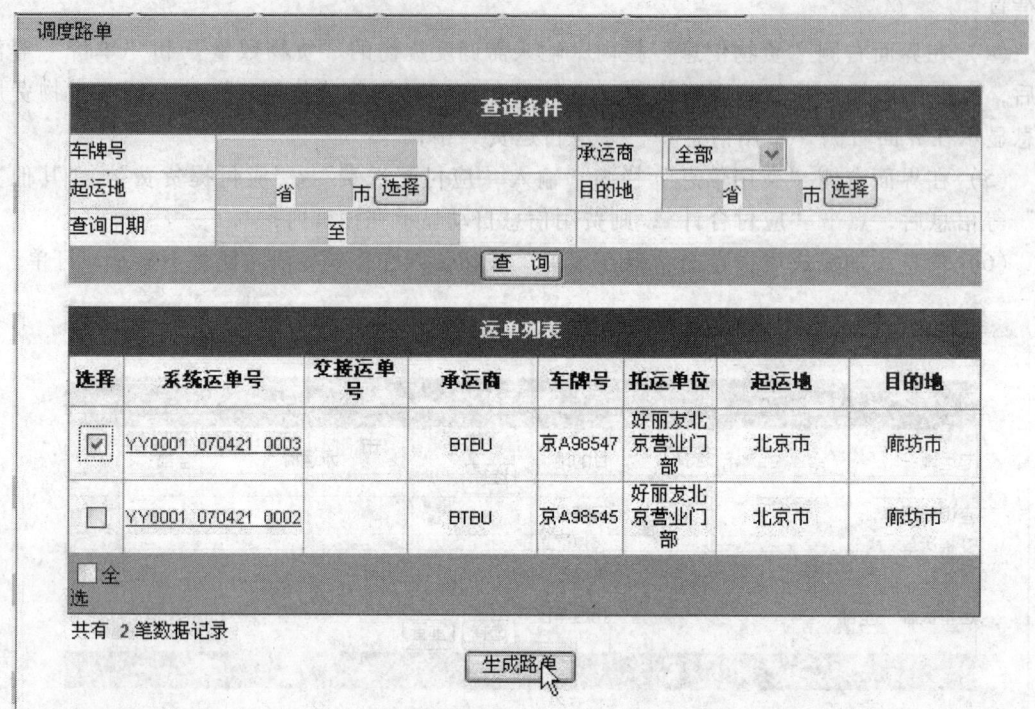

(2) 在"新增路单"页面，输入"燃油定额"、"机油定额"、"距离"等信息后，点按"保存路单"按钮，系统显示"数据添加成功"，则完成新增路单操作；

(3) 点按"返回"按钮，返回"查询条件"页面。

5.3.6.2 路单管理

(1) 在系统主界面，点击"运输管理→运输调度→路单管理"，出现"查询条件"对话框，在该对话框中输入"起运地"、"目的地"等查询条件后，点击"查询"按钮，系统将显示符合条件的路单，此时路单状态为"已调度"；

(2) 在"路单列表"操作栏中点击"查看运单"，将显示该路单对应的运单详细信息；

(3) 在"路单列表"操作栏中点击"编辑"，可以对路单信息进行修改；

(4) 在"路单列表"操作栏中点击"删除"，则删除该路单。

5.3.7 运输监控员操作演示（10号角色执行）

在运输业务中，运输监控员负责对在途车辆进行跟踪管理，其操作流程分解如下：

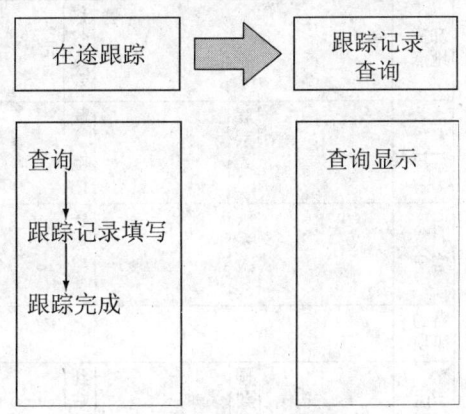

5.3.7.1 在途跟踪

（1）在系统主界面，点击"运输管理→运输监控→在途跟踪"，系统显示"在途跟踪"页面，输入查询条件"起始地"和"目的地"后，点击"查询"按钮；

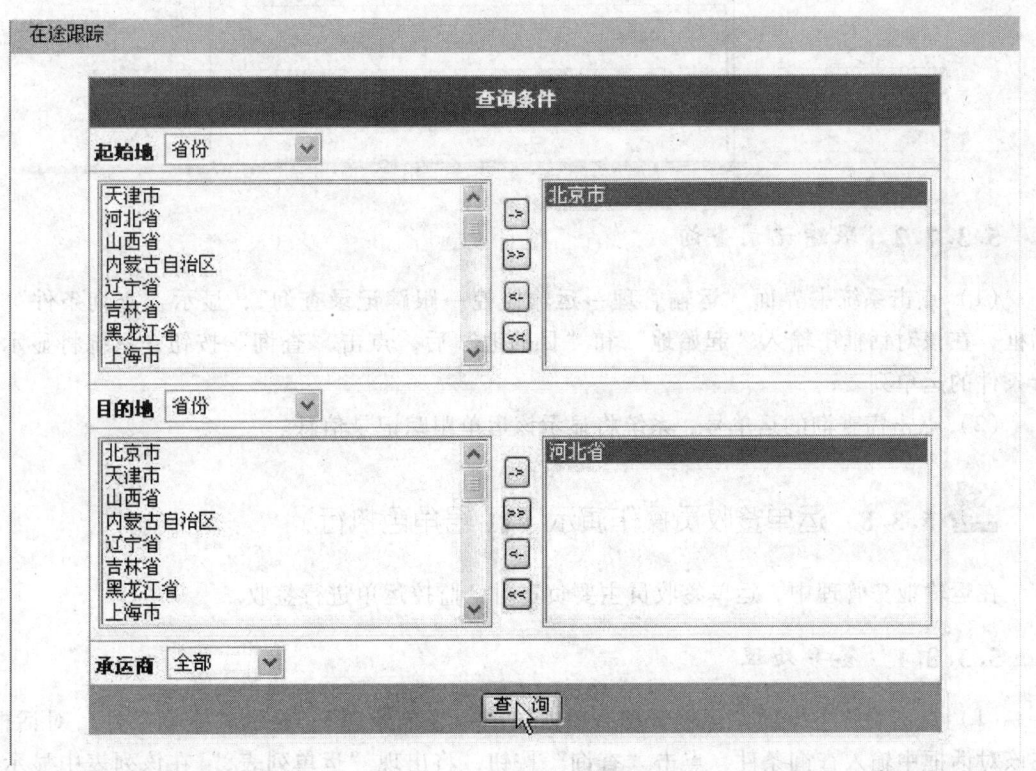

（2）系统界面左侧，将显示处于不同状态（正常、未跟踪、异常、预警）的运单，点击"未跟踪"，系统显示"未跟踪运单"列表，点击界面左侧需跟踪运单号，界面右边显示"跟踪运单"页面；

(3)在"跟踪运单"页面,根据实际情况输入该笔运单的"实运时间"、"预到时间"、"到站时间"和"交付时间",并添写监控记录,完成后,点击"跟踪完成"按钮,监控记录将被保存到系统。

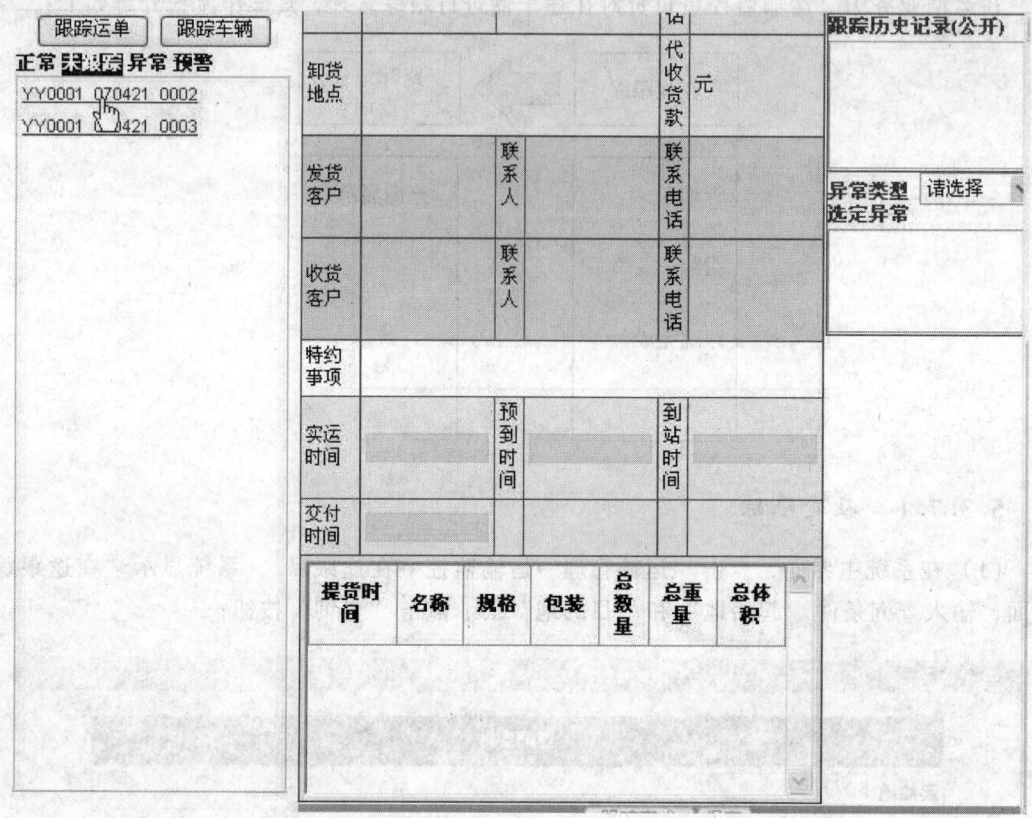

5.3.7.2 跟踪记录查询

(1)点击系统主界面"运输管理→运输监控→跟踪记录查询",显示"查询条件"对话框,在该对话框中输入"起始地"和"目的地"后,点击"查询"按钮;系统将显示符合条件的运单列表;

(2)点击需查询的运单号,系统将显示该运单跟踪记录信息。

5.3.8 运单签收员操作演示(11号角色执行)

在运输业务管理中,运单签收员主要负责对已监控运单进行签收。

5.3.8.1 签单处理

(1)点击系统主界面"运输管理→单据核销→签单处理",显示"查询条件"对话框,在该对话框中输入查询条件,点击"查询"按钮,将出现"运单列表,"在该列表中显示符合查询条件的运单,此时,运单状态为"已签收";

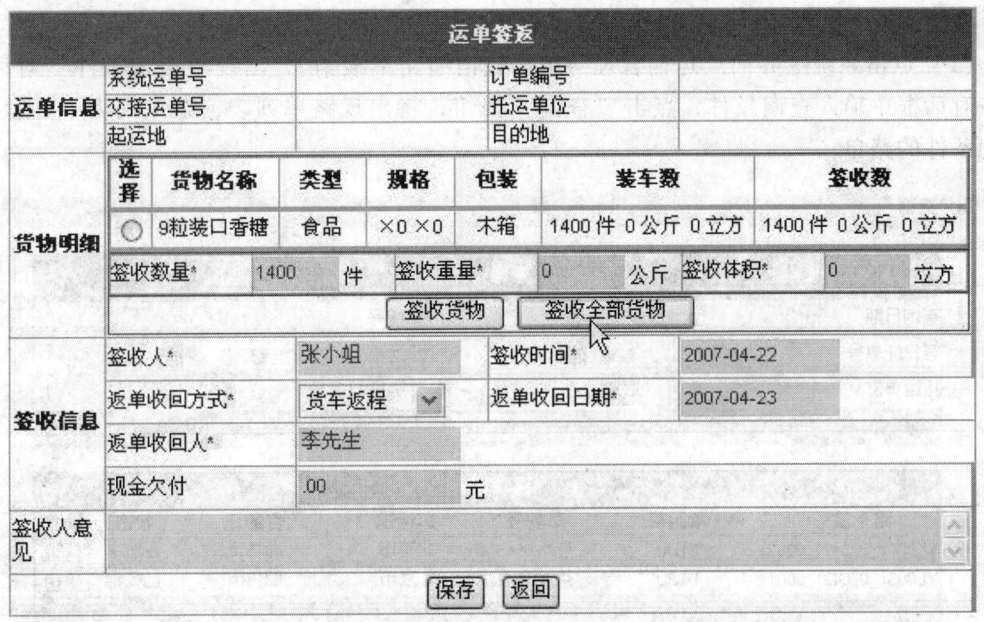

（2）点击运单列表中的"签返"按钮，显示"运单签返"页面，在该页面"货物明细"栏内输入实际签收数量后，点击"签收全部货物"按钮；

（3）在"运单签返"页面，"签收信息"栏内输入"签收人"、"签收时间"、"返单收回方式"、"返单收回日期"、"返单收回人"等信息；

（4）在"运单签返"页面，点击"保存"按钮完成货物签收；点击"返回"按钮，返回"签单处理"页面，这时，已签收运单"状态"变为"已签返"。

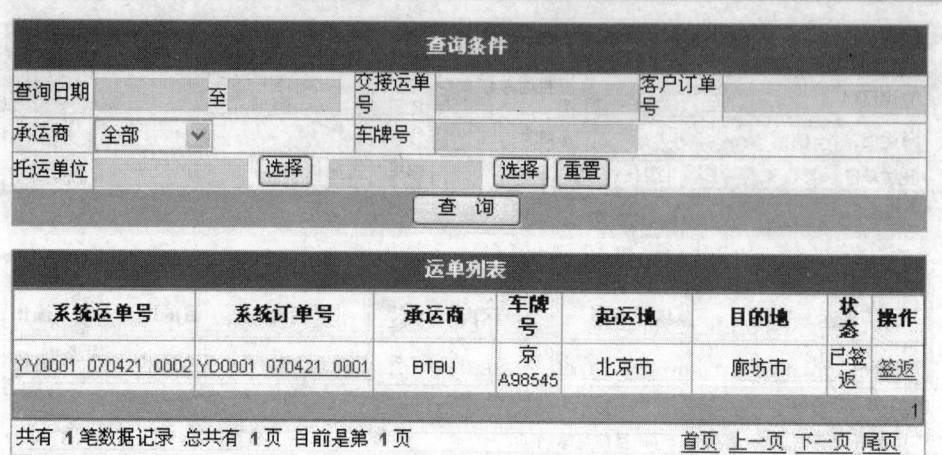

5.3.9 路单核销员操作演示（12号角色执行）

在运输业务管理中，路单核销员主要负责对已生成路单进行核销。

（1）点击系统主界面"运输管理→单据核销→路单核销"，出现"查询条件"对话框，在该对话框中输入查询条件，点击"查询"按钮，将出现路单列表，在该列表中显示符合查询条件的路单；

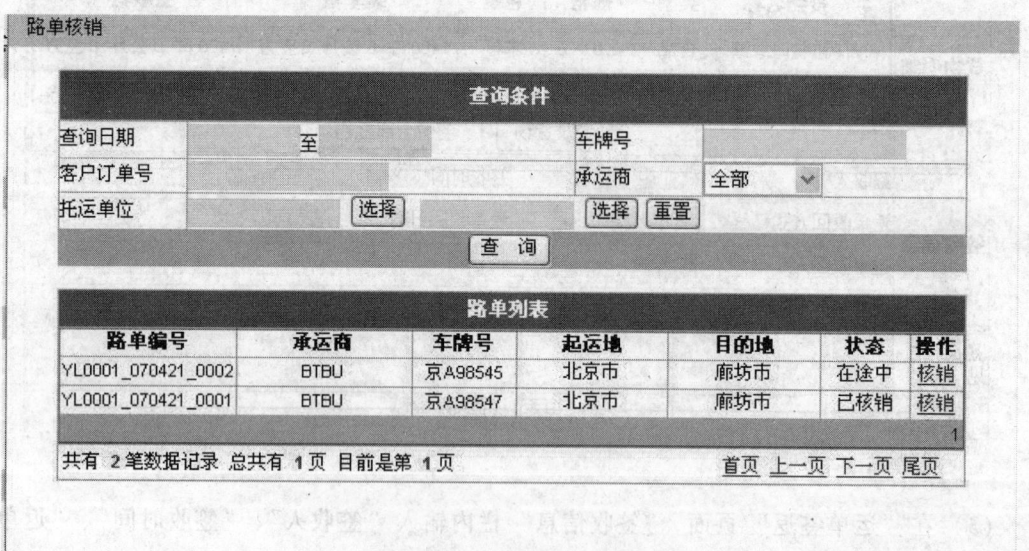

（2）选择状态为"在途中"的路单，点击路单列表操作栏的"核销"按钮，显示"路单核销"页面；

（3）在"路单核销"页面，填写"空驶里程"、"燃油实际消耗"、"机油实际消耗"及"距离"后，点按"保存核销记录"按钮，系统提示："数据保存成功"，返回"路单核销"页面。

路单核销				
路单信息	路单编号	YL0001_070421_0001		
	起运地	北京市_北京市	起运日期	2007-4-21 0:00:00
	目的地	河北省_廊坊市	运到日期	2007-4-21 0:00:00
	运量	50.0000	重驶里程	600.0000
	燃油定额	800.0000	机油定额	500.0000
	车牌号	京A98547	司机	王强
运单明细				
核销信息	空驶里程*	600	公里	
	燃油实际消耗*	780	升	
	机油实际消耗*	510	升	

保存核销记录　返回

5.3.10 应收结算员操作演示（13号角色执行）

在运输业务管理中，应收结算员负责对运输应收款进行结算。

5.3.10.1 定价

（1）点击系统主界面"结算管理→应收款查询→运输应收款"，显示"查询条件"对话框，在该对话框中输入查询条件，选择"操作类型"为"定价"后，点击"查询"按钮，系统将显示符合查询条件的订单；

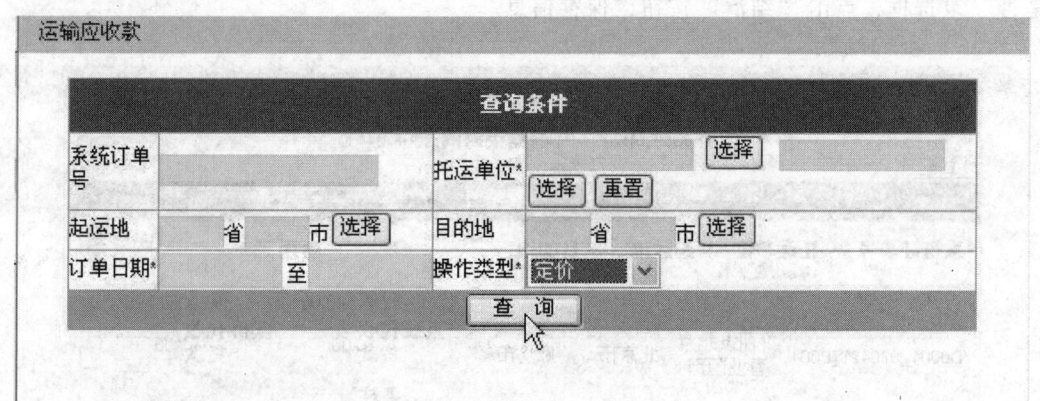

（2）在"订单定价"页面操作明细中进行订单定价后，选中结算复选框，点击"保存"按钮，保存信息；

（3）点击"返回"按钮，返回查询条件对话框。

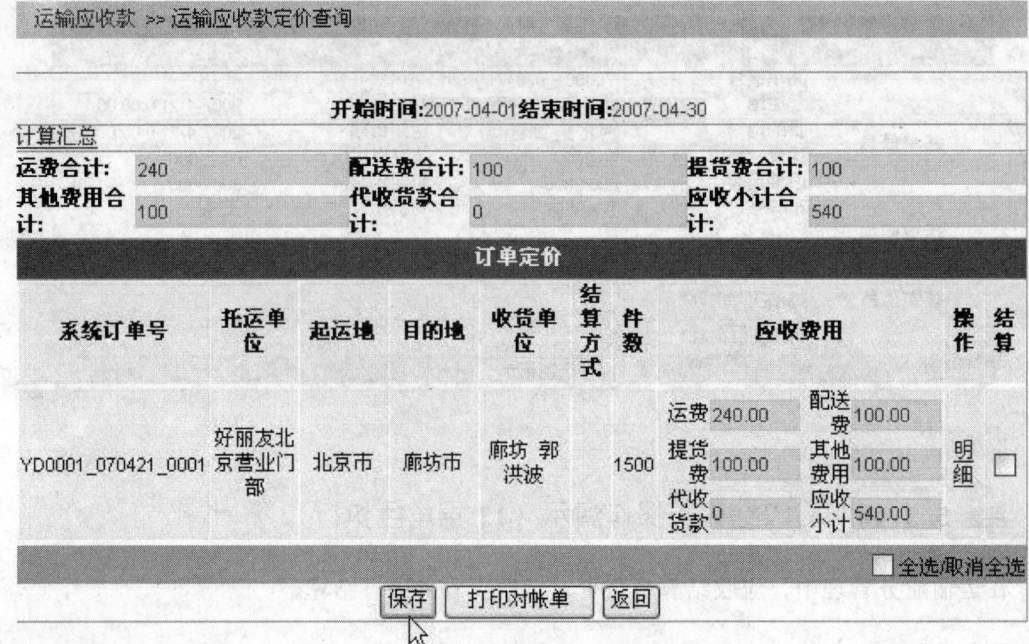

5.3.10.2 结算

在"查询条件"对话框中输入查询条件,并选择"操作类型"为"结算"后,点击"查询"按钮,显示"运输应收款结算查询"页面,在该页面进行实际费用结算后,点中"是否"复选框,点击"结清"按钮,保存信息。

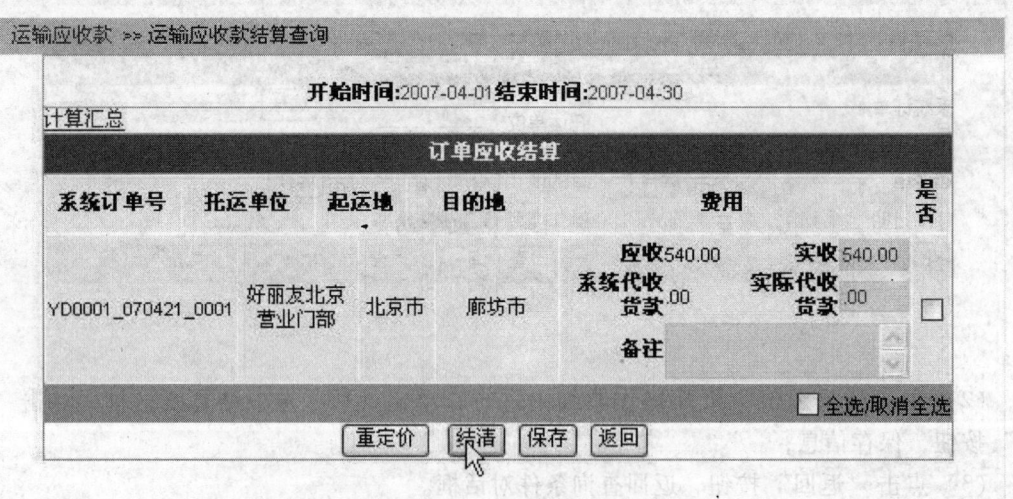

5.3.10.3 审核

在"查询条件"页面操作类型中选择"审核",点击"查询"按钮,系统将显示"运输应收款审核查询"页面,在该页面进行订单应收款结算审核后,点击"保存"按钮,保存信息;点击"返回"按钮,返回"运输应收款查询"页面。

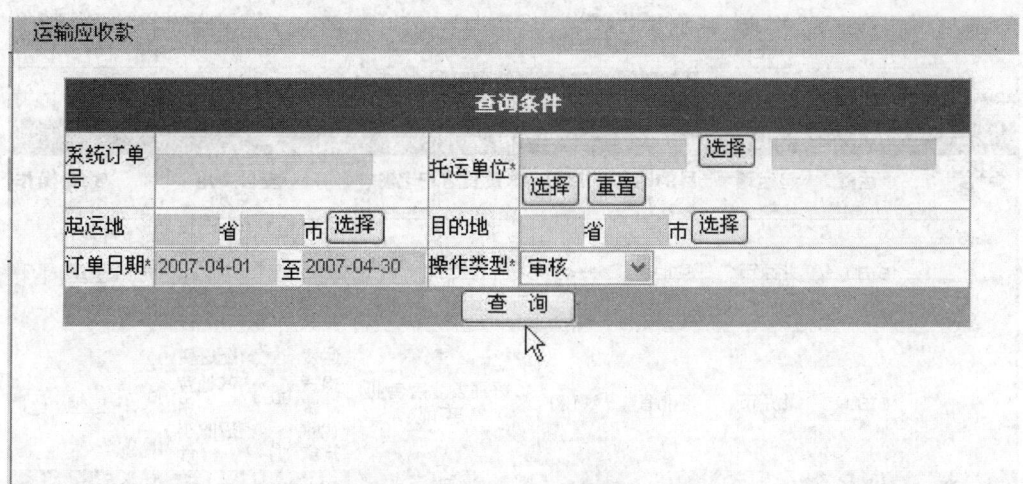

5.3.11 应付结算员操作演示（14号角色执行）

在运输业务管理中，应付结算员负责对运输应付款进行结算。

5.3.11.1 定价

（1）点击系统主界面"结算管理→应付款查询→运输应付款"，显示运输应付款"查询条件"对话框，在该对话框中输入查询条件，选择操作类型为"定价"后，点击"查询"按钮，系统将显示"运单定价"页面；

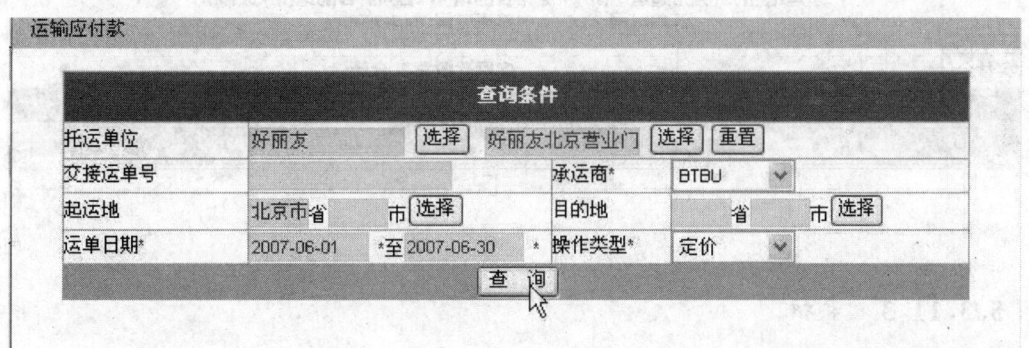

（2）在"运单定价"页面操作明细中进行运单定价后，点击"保存"按钮，保存信息；点击"返回"按钮，返回"查询条件"对话框。

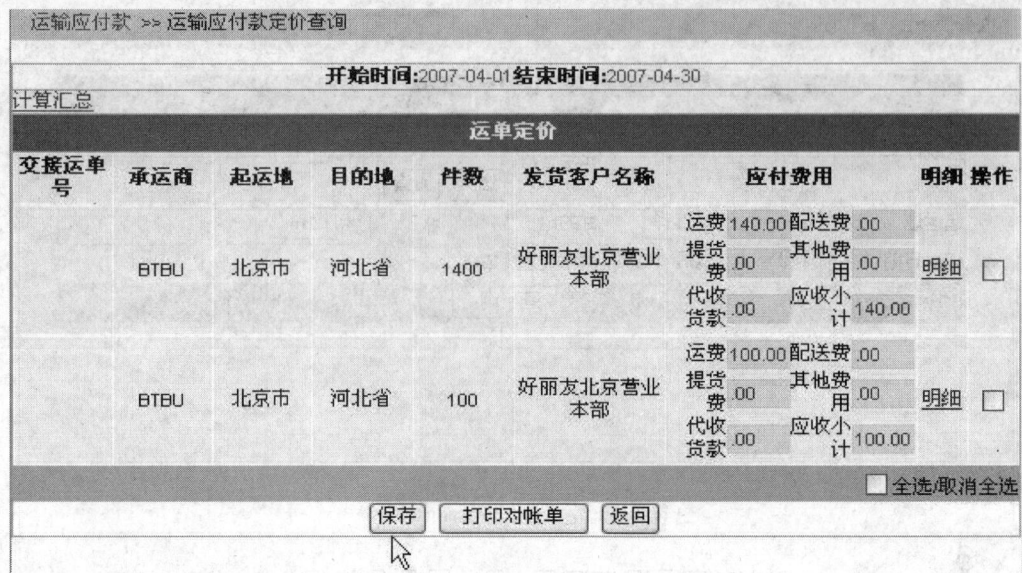

5.3.11.2 结算

(1) 在"查询条件"对话框中输入查询条件,并选择操作类型为"结算"后,点击"查询"按钮,显示"运输应付款结算查询"页面;

(2) 在"运输应付款结算查询"页面进行实际费用结算后,点中"是否"复选框,点击"结清"按钮,保存信息。

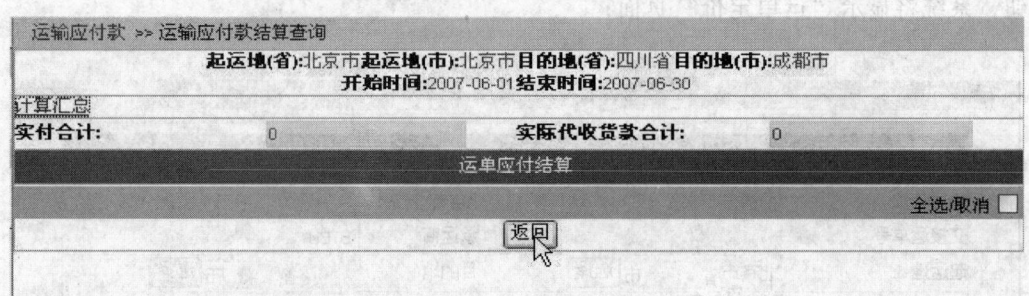

5.3.11.3 审核

(1) 在"查询条件"对话框中输入查询条件,并选择操作类型为"审核"后,点击"查询"按钮,系统显示"运输应付款审核查询"页面;

(2) 在"运输应付款审核查询"页面进行运单应付审核后,点击"保存"按钮,保存信息;

(3) 点击"返回"按钮,返回"查询条件"页面。

【思考与创新】

1. 请详细描述运输信息化管理流程。
2. 运输调度的主要内容是什么?
3. 运输监控的主要内容是什么?
4. 运输结算管理的主要内容是什么?

6 运输业务仿真实验

【实验目的】

本单元按照项目管理的思想,并结合运输物流信息化管理流程设计运输物流业务仿真实验,即按项目管理的要求成立若干个不同的实验项目组(项目数量视受训人员数量而定,原则是每个项目组至少包含运输管理的 11 个角色),要求每一项目组成员按照运输业务流程与岗位设置进行角色扮演,分岗位、分角色协同完成不同实验单据的运输训练。训练完成后按要求分组完成综合实验报告。本单元的目的是使学生通过角色体验,在实践的基础上熟悉运输信息化管理流程及相应的角色职能;并通过分角色合作训练树立团队协作精神。

【实验内容】

本单元由 2 个教学环节组成。即 6.1 运输业务仿真实验项目;6.2 实验报告。

6.1 运输业务仿真实验项目

根据实训学员数量,在 BTBU 联合物流公司组织机构框架下新增若干个实验项目组(原则是每一实验项目组能覆盖运输物流信息化管理流程的 11 个角色),由教师为每一实验项目组指定项目(系统)管理员,由项目管理员负责该项目的角色分配,并组织协调项目的完成;之后,分小组写出实验报告。注意:同一项目资源可以共享,不同项目资源不能共享。

实验项目：6-1

项目名称：北京大众粮油销售中心项目组

甲方：北京大众粮油销售中心

乙方：BTBU 联合物流公司

参考信息：

　　客户基本信息：单位全称：北京大众粮油销售中心；单位简称：北京大众；负责人：刘少宁；单位性质：内资企业；所在地：北京；地址：北京市朝阳区豆各庄乡水牛坊村一区甲 10 号；邮编：100082；联系人：刘少宁；电话：010 - 87332741；二级客户：北京大众粮油销售中心；联系人：王总。

　　货物字典：货物名称：葵花子油，规格：1×3，货物类别：食品，包装：纸箱，单位体积：0.1 立方米，单位重量：1 千克，单位价值：160 元，库存预警量：500 件。货物名称：食用调和油，规格：3×2，货物类别：食品，包装：纸箱；单位体积：0.2 立方米，单位重量：千克，单位价值：150 元，库存预警量：800 件。

角色扮演：

角色名称	角色代码	人员分配	机位分配
系统管理员			
资源管理员			
客户管理员			
委托单及订单管理员			
运单调度员			
路单调度员			
运输监控员			
运单签收员			
路单核销员			
应收结算员			
应付结算员			

实验项目：6-2

项目名称：天津中转库项目组

甲方：天津中转库

乙方：BTBU 联合物流公司

参考信息：

客户基本信息：单位全称：天津中转库；单位简称：天津中转库；负责人：王总；单位性质：内资企业；所在地：天津；地址：天津南开区162号；邮编：120000；联系人：王库管；电话：022-67332741；手机：131556688；二级客户：天津中转库销售科；联系人：王库管。

货物字典：货物名称：军服，规格：2×3，货物类别：服装，包装：纸箱，单位体积：0.3立方米，单位重量：10千克，单位价值：200元，库存预警量：600件。货物名称：军用棉被，规格：5×6，货物类别：日用品，包装：纸箱，单位体积：0.3立方米，单位重量：10千克，单位价值：300元，库存预警量：800件。

角色扮演：

角色名称	角色代码	人员分配	机位分配
系统管理员			
资源管理员			
客户管理员			
委托单及订单管理员			
运单调度员			
路单调度员			
运输监控员			
运单签收员			
路单核销员			
应收结算员			
应付结算员			

实验项目：6-3

项目名称：北京当当超市连锁总店项目组

甲方：北京当当超市连锁总店

乙方：BTBU联合物流公司

参考信息：

客户基本信息：单位全称：北京当当超市连锁总店；单位简称：当当超市连锁总店；负责人：孙总；单位性质：内资企业；所在地：北京；地址：昌平区镇西环路25号；邮编：132032；联系人：张丽；二级客户：北京当当超市连锁总店物流科；联系人：张总。

货物字典：货物名称：脸盆，规格：2×3，货物类别：日用品，包装：纸箱，单位体积：0.2立方米，单位重量：2千克，单位价值：100元，库存预警量：1000件。货物名称：水壶，规格：2×3，货物类别：日用品，包装：纸箱；单位体积：0.1立方米，单位重量：3千克，单位价值：200元，库存预警量：1200件。

角色扮演：

角色名称	角色代码	人员分配	机位分配
系统管理员			
资源管理员			
客户管理员			
委托单及订单管理员			
运单调度员			
路单调度员			
运输监控员			
运单签收员			
路单核销员			
应收结算员			
应付结算员			

实验项目：6-4

项目名称：新疆阿克苏万达商行项目组

甲方：新疆阿克苏万达商行

乙方：BTBU联合物流公司

参考信息：

  客户基本信息：单位全称：新疆阿克苏万达商行；单位简称：阿克苏万达商行；单位性质：集体企业；负责人：周振亮；所在地：新疆；地址：阿克苏城市花园15号楼202室；邮编：100085；联系人：周振亮；电话：0997－2628291；二级客户：新疆阿克苏万达商行分行；联系人：廖总。

  货物字典：货物名称：羊皮筒，规格：2×3，货物类别：日用品，包装：纸箱，单位体积：0.3立方米，单位重量：3千克，单位价值：300元，库存预警量：1100件。货物名称：干果，规格：2×3，货物类别：食品，包装：纸箱，单位体积：0.2立方米，单位重量：2千克，单位价值：150元，库存预警量：1050件。

角色扮演：

角色名称	角色代码	人员分配	机位分配
系统管理员			
资源管理员			
客户管理员			
委托单及订单管理员			
运单调度员			
路单调度员			
运输监控员			
运单签收员			
路单核销员			
应收结算员			
应付结算员			

实验项目：6-5

项目名称：湖南长沙市东园食品有限公司项目组

甲方：湖南长沙市东园食品有限公司

乙方：BTBU 联合物流公司

参考信息：

　　客户基本信息：单位全称：湖南长沙市东园食品有限公司；单位简称：长沙市东园食品；单位性质：集体企业；负责人：李宏波；所在地：长沙；地址：湖南长沙市雨花区梨托乡大桥村；邮编：180006；联系人：李宏波；电话：0731-4695121；二级客户：湖南长沙市东园食品有限公司销售科；联系人：李宏波。

　　货物字典：货物名称：腊肉，规格：2×3，货物类别：食品，包装：纸箱，单位体积：0.1立方米，单位重量：3千克，单位价值：200元，库存预警量：100件。货物名称：香肠，规格：2×3，货物类别：食品，包装：纸箱，单位体积：0.2立方米，单位重量：2千克，单位价值：150元，库存预警量：50件。

角色扮演：

角色名称	角色代码	人员分配	机位分配
系统管理员			
资源管理员			
客户管理员			
委托单及订单管理员			
运单调度员			
路单调度员			
运输监控员			
运单签收员			
路单核销员			
应收结算员			
应付结算员			

6.2 实验报告

运输业务仿真综合实验报告

【实验目的】

　　按项目管理的要求成立若干个不同的实验项目组,要求每一项目组成员按照运输业务流程与岗位设置进行角色扮演。分岗位、分角色协同完成不同实验单据的运输训练,训练完成后按要求分组完成综合实验报告。使学生通过角色体验,在实践的基础上熟悉运输业务信息化管理流程及相应的角色职能;并通过分角色合作训练树立团队协作精神。

【实验内容】

　　1. 按运输业务要求进行业务设计。

2. 按实验单据要求录入数据,并保存到系统。实验流程描述如下:

【思考与创新】

1. 委托单与详细委托单有何区别？
2. 委托单生成订单的条件是什么？
3. 运单与订单有何区别与联系？
4. 调度运单时货物信息中的"单价"指的是什么价格？它与费用信息中的"应付运费"有何关联？
5. 路单与运单有何区别？其对应关系如何？
6. 在对运单进行监控时，"正常"、"未跟踪"、"异常"及"预警"的含义是什么？
7. 填写监控信息时，"实运时间"、"预到时间"、"到站时间"及"交付时间"各指什么？
8. 签收运单的条件是什么？
9. 路单核销的含义是什么？

7 第三方物流业务仿真实验

【实验目的】

模拟第三方物流公司真实工作环境,为学生搭建模拟仿真操作平台,通过仿真操作,使学生熟悉第三方物流公司信息系统的使用情况,了解第三方物流信息管理系统的综合管理效应。按照现代典型的第三方物流公司的部门及部门内部的岗位划分工作区,由系统管理员给参训学生分配单一角色,固定业务单据格式,抽取第三方物流公司的部分实际业务数据,制作成相应的模拟单据,分发给承担相应角色的学生,并由学生将这些单据按步骤按角色录入软件,让大家以不同的身份和角色协同使用软件,进行实景操作。

【实验内容】

本单元由3个教学环节组成。即7.1 第三方物流业务案例导入;7.2 第三方物流业务信息化管理流程;7.3 角色扮演与协同训练;7.4 实验报告。

7.1 第三方物流业务案例导入

7.1.1 第三方物流客户业务背景

百事公司(PepsiCo)是世界领先的休闲食品和饮料公司,2005年销售收入达320亿美元并拥有157000名员工。百事的许多品牌有逾100年的历史,而整个公司还相对比较年轻。百事于1965年整合百事可乐和菲多利并正式成立。百事于1998年收购了纯品康纳,2001年整合了桂格公司(包括佳得乐)。百事在中国的历史可以追溯到中国实行改革开放之初。1981年,百事可乐与中国政府签约并在深圳兴建百事可乐灌装厂,成为首批进入中国的美国商业合作伙伴之一。时至今日,百事已在全国各地先后建立了40多家合资或独资的企业,总投资超过10亿美元,直接员工近10000人,提供间接就业机会达150000个。百事的使命是"成为世界第一的休闲食品和饮料领域的消费品公司。我们寻求为投资者带来良好回报的同时,也为我们的员工、业务伙伴和社会提供成长和提升的机会。无论做什么事情,我们都坚守诚实、公平和正直。"

百事食品公司（全球名称 Fritolay－"菲多利"）是美国百事集团旗下最大的子公司，在全球休闲食品业中居领先地位。在中国，百事食品公司生产并销售大家非常喜爱的休闲食品，主要品牌包括：乐事天然薯片，3D 立体脆，奇多粟米脆等。百事公司成功的农业发展项目使其在土豆类休闲食品的竞争中处于领先地位。

[资料来源：http://www.pepsico.com.cn/about/about_pepsi_1.asp]

 7.1.2　第三方物流业务仿真设计

百事食品公司为了降低整体物流费用，转嫁对应的各项风险，寻求与 BTBU 联合物流公司合作；BTBU 联合物流公司经过广泛的市场调研后，为了提升自身的物流服务水平，决定与百事食品公司建立长期的战略合作伙伴关系，并成立百事食品项目组。

项目名称：百事食品项目组

甲方：百事中国食品有限公司

乙方：BTBU 联合物流公司

业务设计：

甲方委托乙方于××××年×月×日运送货品 1，巧克力派 2000 件，货品 2，士力架 1200 件；货品 3，蛋黄酥 1000 件，到四川成都，乙方委托确认后提供如下运输服务：

1. 委托单及订单管理员按照百事中国食品有限公司销售部要求录入详细委托单。

2. 库内管理员按照委托单要求对客户库存进行检查后，发现货品 1 巧克力派不足，缺少 800 件，需要补货作业。

3. 入库管理员进行货品 1 巧克力派 800 件的入库作业。

4. 货品补齐后，出库管理员按照甲方要求出库货品 1，巧克力派 2000 件，货品 2，士力架 1200 件，蛋黄酥 1000 件。

5. 委托单及订单管理员对客户委托单进行集货调度，调度完成后将委托单转化为订单。

6. 运单调度员对已生成订单"百事中国食品有限公司销售部－北京市－四川成都"进行调度后生成运单，要求将该笔订单拆分成三笔运单。

7. 路单调度员将"百事中国食品有限公司销售部－北京市－四川成都"三笔运单合并为一笔路单。

8. 运输监控员对"百事中国食品有限公司销售部－北京市－四川成都"未跟踪运单进行在途跟踪。

9. 运单签收对"百事中国食品有限公司销售部－北京市－四川成都"运单签收。

10. 路单核销员对"百事中国食品有限公司销售部－北京市－四川成都"路单进行核销。

11. 库内管理员对百事中国食品有限公司销售部货品进行盘库作业。

12. 应收结算员对百事中国食品有限公司销售部应收款进行结算操作。

13. 应付结算员对百事中国食品有限公司销售部应付款进行结算操作。

7.1.3 第三方物流业务流程分析

从上述业务流程设计可以看出，一个完整的第三方物流业务是从运输委托开始，经过集货调度、出入库、生成订单、运单调度、路单调度、运输监控、运单签收、路单核销、库内管理等多个作业环节，到结算管理的全过程。图示如下：

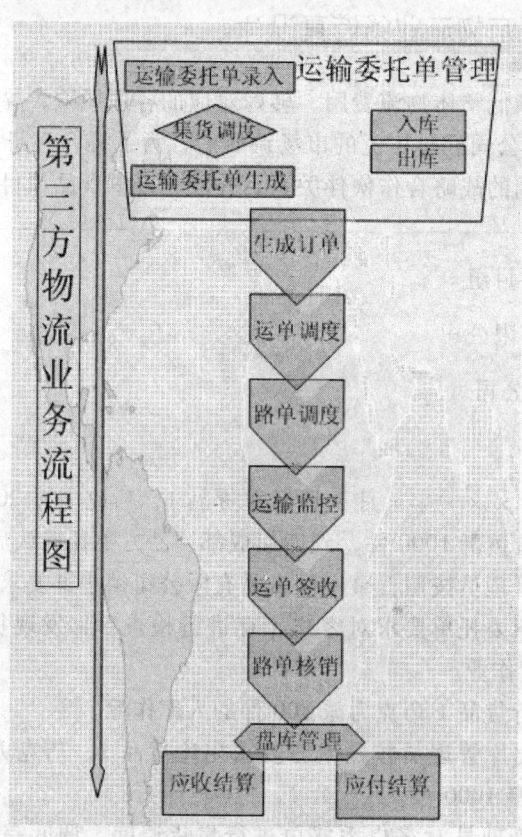

7.2 第三方物流信息化管理流程

第三方物流信息化管理流程可以分为系统管理、基本信息管理、业务管理、结算管理四大内容。

其中：

系统管理主要是对系统进行基本设置，包括分支机构、系统角色、系统用户、业务项目、基本参数及基础数据等的设置、授权与维护；

基本信息管理是对系统静态信息进行管理，主要包括资源管理和客户管理；

业务管理主要是对系统动态信息进行管理，主要包括仓储业务管理和运输业务管理；

结算管理是对仓储或运输费用进行结算与管理。

如下图所示：

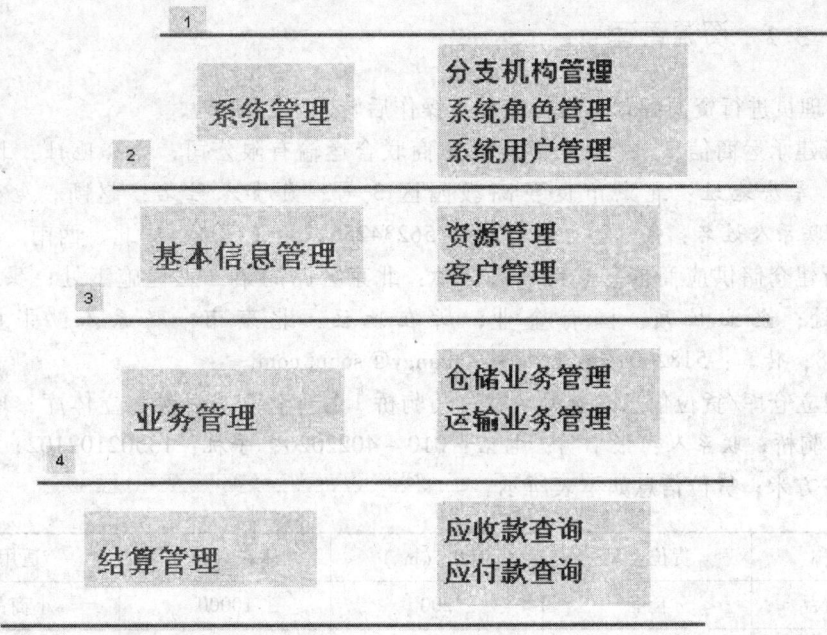

7.3 角色扮演与协同训练

7.3.1 系统管理

系统管理员按下表为"百事中国食品有限公司项目组"新建用户,给用户分配相应权限。操作完成后转入下一环节。

序号	角色名称	角色扮演	用户名	密码
1	系统管理员			
2	资源管理员			
3	客户管理员			
4	委托单及订单管理员			
5	库内管理员			
6	入库管理员			
7	出库管理员			
8	运单调度员			
9	运输监控员			
10	路单调度员			
11	运单签收员			
12	路单核销员			
13	应收结算员			
14	应付结算员			

7.3.2 资源管理

资源管理员进行资源配置,执行完如下操作后转入下一环节。

(1) 新建承运商信息。单位全称:北工商联合运输有限公司;办公地址:北京市良乡高教园区;库房地址:北京市良乡高教园区3号;负责人姓名:赵凯;电话:010-84571245;联系人姓名:张一;电话:010-56234256;运营区域:华北、西南。

(2) 新建仓储供应商信息。供应商全称:北京公路局第二工程施工处;供应商简称:公路局二处;企业性质:国有企业;所在地区:北京市;联系人:张勇;电话:13211811058;传真:518200;电子邮件:zhangy@sohu.com。

(3) 建立仓库/货位信息。仓库名称:马驹桥1号库;仓库种类:立体库;地址:北京市通州区马驹桥;联系人:张小明;电话:010-4022026;手机:13502102102;仓库面积:500~800平方米;货位信息如下表所示:

货位名称	货位类型	面积(m^2)	体积(m^3)	适用货物
快速消费品	食品	200	10000	小商品
服装服饰	服装	300	10000	百货日用品
纸质消费品	图书	200	10000	图书百货

授权库管:入库管理员、出库管理员、盘库管理员。

(4) 建立相关车辆信息。车辆牌号:京A96280;驾驶员:陈东;联系电话:010-65234568;品牌:东风;车型:小厢货;车辆性质:自有车辆;车辆归属:BTBU联合物流公司;车辆牌号:京ER2102;驾驶员:冯明;联系电话:010-65234562;品牌:东风;车型:小厢货;车辆性质:自有车辆;车辆归属:BTBU联合物流公司。

7.3.3 客户管理

客户管理员建立客户相关信息,执行完如下操作后转入下一环节。

(1) 建立客户基本信息。建立"百事中国食品有限公司"客户基本信息,如下所列各表所示。分配库房:马驹桥1号库房。业务详细自行填写。

客户性质	单位全称	单位简称	负责人	单位性质	所在地	业务范围	联系人	电话
一级客户	百事中国食品有限公司	百事中国	张明	中外合资	北京市	食品类百货	张明	010-52123652
二级客户	百事中国食品有限公司销售部	百事食品销售	王平	中外合资	北京市	食品销售	13801201235	010-56232425

(2) 建立客户货物字典。

产品名称	规格（m×m）	单位体积（m³）	单位重量（克）	单位价值（元）	保质期（天）
巧克力派	1×1.1	0.027	4.4	115.2	15
蛋黄酥	1×1.2	0.0323	4.05	115.2	15
士力架	1×1.3	0.023	2.637	84	15

（3）在发货单位中新增发货人。

单位全称	单位简称	负责人	单位性质	所在地	地址	联系人	电话
百事中国食品有限公司销售部	百事食品销售	王平	中外合资	北京市	北京市朝阳区	13801201235	010-56232425

（4）在收货单位中添加收货单位信息。

单位全称	单位简称	地址	联系人	电话	电邮	手机
四川实业有限公司	四川实业有限公司	四川成都市西门粮食仓库	张平	028-5241223	zhangp@126.com	13308021223
成都实业有限公司	成都实业有限公司	成都市玉林小区玉通巷5号	冯争	022-5213422	fengz@shou.com	13352455487

7.3.4 委托单录入

委托单及订单管理员录入详细委托单后转入下一环节。委托单基本信息如下：

运送货物：巧克力派 2000箱（单价1.8元）
　　　　　蛋黄酥 1000箱（单价2.0元）
　　　　　士力架 1200箱（单价2.0元）

运送地点：从北京到四川成都
托运客户：百事中国食品有限公司
托运子客户：百事中国食品有限公司销售部
发货单位：百事中国食品有限公司销售部
收货单位：成都实业有限公司
应收货款：11600元
应收提货费：500元
应收配送费：670元
代收货款：1000元
结算方式：现结
货物总重：100公斤，体积0.145立方米。

7.3.5 查询库存

库内管理员根据委托单的货品数量信息，查询客户库存后进行补货作业。相关信息如下：

货品名称：蛋黄酥
补货数量：800 箱
搬卸费用：300 元
搬卸成本：100 元
入库费用：1000 元
入库成本：300 元
其他费用：100 元
其他成本：100 元

7.3.6 集货调度

委托单及订单管理员对客户委托单进行集货调度后，转入下一环节。相关信息如下：

集货入库库房：马驹桥 1 号库
提货人：张力
集货时间：×××年×月×日
入库时间：×××年×月×日
完成时间：×××年×月×日

7.3.7 委托单转化为订单

委托单及订单管理员将完成集货后的委托单转化成订单，并转入下一环节。

7.3.8 货品入库

入库管理员将集货货品入库马驹桥 1 号库。相关信息如下表：

产品名称	规格	搬卸费用	搬卸成本	单位体积	入库费用	入库成本	单位重量	生产日期	入库数量	其他费用	其他成本
巧克力派	1*2	200	100	0.027	1000	500	4.4	07-6-2	2000	200	50
蛋黄酥	1*2	300	100	0.026	1200	300	4.5	07-6-2	1000	250	60
士力架	1*2	300	100	0.028	1100	250	4.6	07-6-2	1200	300	80

7.3.9 调度运单

运单调度员将已生成订单，按货物种类调度为运单后转入下一环节。相关信息如下表：

产品名称	运输数量（件）	单价（元/件）	应付配送费（元）	搬卸成本（元）	出库成本（元）	其他费用（元）
巧克力派	2000	1.8	200	50	500	200
蛋黄酥	1000	1.8	250	100	500	200
士力架	1200	1.8	320	150	600	300

7.3.10 货品出库

出库管理员按照委托单要求,进行出库作业。操作完成后转入下一环节。相关信息如下表:

产品名称	规格(m)	搬卸费用(元)	搬卸成本(元)	单位体积(m³)	出库费用(元)	出库成本(元)	单位重量(千克)	生产日期	出库数量(包)	其他费用(元)	其他成本(元)
巧克力派	1×2	200	50	0.027	1000	500	4.4	07-6-2	2000	300	50
蛋黄酥	1×2	250	100	0.032	2100	300	4.05	07-6-2	1000	200	50
士力架	1×2	320	150	0.023	2400	350	2.63	07-6-2	1200	210	50

 ### 7.3.11 调度路单

路单调度员将"起运地"、"目的地"、"车辆"均相同的运单转化为同一路单。操作完成后转入下一环节。相关信息如下:

燃油定额: 50公升

机油定额: 52公升

距离: 1000公里

 ### 7.3.12 运输监控

运输监控员对每笔运单进行实时监控后转入下一环节。相关信息如下:

实运时间: ×××年×月×日

预到时间: ×××年×月×日

到站时间: ×××年×月×日

交货时间: ×××年×月×日

7.3.13 运单签收

运单签收员对运单的货品进行确认后,签收。操作完成后转入下一环节。相关信息如下:

签收人: 张小明

签收时间: ×××年×月×日

返单回收日期: ×××年×月×日

返单回收人: 李文

返单回收方式: 货车返程

 ### 7.3.14 路单核销

路单核销签收员对已生成路单进行路单核销。操作完成后转入下一环节。相关信息如下：

路单实际里程：1000公里

实际燃油：51公升

机油的消耗量：53公升

 7.3.15 应收款结算

应收款结算员对百事公司近一个月内的仓储作业及运输作业应收款项进行查询后，执行结算操作。

 7.3.16 应付款结算

应付款结算员对百事公司近一个月内的仓储作业及运输作业应付款项进行查询后，执行结算操作。

7.4 实验报告

第三方物流业务仿真综合实验报告

【实验目的】

模拟第三方物流公司真实工作环境,为学生搭建模拟仿真操作平台,通过仿真操作,使学生熟悉第三方物流公司信息系统的使用情况,了解第三方物流信息管理系统的综合管理效应。

【实验内容】

1. 角色体验。分角色按实验单据要求录入数据,并保存到系统。部门与角色职能描述如下:

2. 流程描述。根据所进行的实验,描述一个完整的第三方物流业务流程。

【思考与创新】

请简要描述第三方物流业务流程。

8 创新实验

【实验目的】

本单元由学生独立设计和操作。学生7~8人一组,在BTBU联合物流公司组织机构框架下组建若干个物流分公司。要求学生自行设计业务流程、配置资源,并通过项目管理,在系统中实现对所设计业务的信息化管理。本单元的主要目的是通过公司组建与运营,使学生掌握第三方物流公司运作的基本方法,并培养学生的组织能力和创业意识。

【实验内容】

(1) 在小组讨论的基础上,为本公司命名,并自主设计一个能体现公司经营理念和宗旨的标识。

(2) 为本公司进行资源配置。

(3) 按照第三方物流业务流程进行业务设计,并自行拟订相关业务数据。

(4) 成立项目组,进行人员分配和项目管理。

(5) 按照第三方物流信息化管理流程进行上机实验,并记录实验数据。

【思考与创新】

第三方物流信息化管理包括哪些方面?各方面的主要内容如何?

实践总结篇

9 实践报告

（1）以小组为单位，在 BTBU 联合物流公司下组建一个物流分公司。

要求：

①为本公司命名，并设计一个能体现公司经营理念和宗旨的标识。

②为本公司设计一个完整的第三方物流业务流程。

（2）根据所设计的业务流程，按照信息化管理流程在物流信息管理系统相关功能模块进行操作，并记录操作步骤与重要数据。

(3）填写相关业务单据。

〈01〉

客户信息				
客户全称			销售公司	
客户简称		企业性质	所在地区	
业务范围			营业执照	
发票邮寄地址			邮政编码	
账单邮寄地址			邮政编码	
联系人		电话	传真	
电子邮件		手机	备用联系	
联系人职务		单位负责人	税务登记号	
备注				
类型				

货物信息			
货物品种		货物规格	
产品编号		保质期	
货物类别		包装类型	
单位体积		单位重量	
计费重量		单位价值	
库存预警量			
备注			

货物信息			
货物品种		货物规格	
产品编号		保质期	
货物类别		包装类型	
单位体积		单位重量	
计费重量		单位价值	
库存预警量			
备注			

〈02〉

运输委托单				
托运信息	委托单编号		受理人	
	托运客户		联系人	联系电话
	托运子客户		联系人	联系电话
	起运地		目的地	要求运达时间
货物信息	货物名称		货物规格	货物种类
	货物包装		货物总数量	货物件重
	货物总重量		货物总体积	计费重量
	单价		计价单位	总价
	提货地址			提货时间

〈03〉

集货调度单			
集货信息	委托单编号	受理人	
	提货入库库房	提货人	
	提货时间	入库时间	
	备注		
集货车辆信息	承运商	承运商电话	
	车牌号	车型	
	载重	体积	
	司机	司机电话	
	随车记录单	集货	

〈04〉

入库委托单			
委托单号		入库日期	
入库客户		入库库房	
发货单位		发货联系人	
发货人地址		发货人电话	
入库费用合计		搬卸费用合计：	
其他费用合计			
备注			
货物明细			
货物品种规格			
生产日期		出厂批号	
数量		包装/最小单位	
重量		体积	
入库货位安排			
备注			

〈05〉

入库单明细							
入库客户				入库库房			
委托单号				委托代理人			
委托备注							
入库单号				入库日期			
发货单位				发货联系人			
发货人地址				发货人电话			
运单号码				运送单位			
车牌号码				司机			
交接库管员				到库时间			
入库备注							
入库成本							
搬卸成本							
其他成本							
验收备注							
货物明细							
货物名称	货物价格	货物编号	出厂批号	系统批号	整件包装	最小单位	异常记录
入库货位	入库数量（件）		入库数量（个）		实入货位	实入数量（个/件）	

〈06〉

出库委托单			
出库用户		出库库房	
出库日期		收货联系人	
出货日期		收货人电话	
收货人地址		搬卸费用合计：	
出库费用合计			
其他费用合计			
备注			
货物明细			
货物品种规格			
生产日期		出厂批号	
数量		包装/最小单位	
重量		体积	
出库货位安排			
备注			

〈07〉

出库单明细							
出库客户				出库库房			
委托单号				委托代理人			
委托备注							
出库单号				出库日期			
收货单位				收货联系人			
收货人地址				收货人电话			
提单号码				运送单位			
车牌号码				司机			
交接库管员				到库时间			
验收备注							
货物明细							
货物名称	货物价格	货物编号	出厂批号	系统批号	整件包装	最小单位	异常记录
入库货位	入库数量（件）		入库数量（个）		实入货位	实入数量（个/件）	

〈08〉

盘库单							
客户名称							
盘库库房							
盘库日期							
盘库说明							
盘点货物							
货物品种	货物规格	出厂批号	生产日期	存放货位	数量（件）	数量（个）	货物状态
							完好 货损 批号破损
备注							

〈09〉

	订单				
托运信息	委托单编号		录入员		
	托运客户		联系人	联系电话	
	托运子客户		联系人	联系电话	
	发货单位		联系人	联系电话	
收货信息	收货单位		联系人	联系电话	
	起运地		目的地		
	卸货地点		运输方式		
	送达时限		签返时限（天）		
费用信息	应收运费（元）		应收提货费	应收配送（元）	
	代收货款（元）		其他费用	应收合计（元）	
	付款单位			结算方式	
货物信息	制造单位			客户订单号	
	货物名称		货物规格	货物种类	
	货物包装		货物总数量	货物件重	
	货物总重量		货物总体积	计费重量	
	单价		计价单位	总价	
	提货地址			提货时间	

〈10〉

<table>
<tr><td colspan="7">运单</td></tr>
<tr><td rowspan="4">运单信息</td><td>系统运单号</td><td></td><td>交接运单号</td><td></td><td>系统订单号</td><td></td></tr>
<tr><td>起运地</td><td></td><td>目的地</td><td></td><td>距离</td><td></td></tr>
<tr><td>中转</td><td></td><td>中转联系人</td><td></td><td>中转联系电话</td><td></td></tr>
<tr><td>特约事项</td><td></td><td>其他</td><td colspan="3"></td></tr>
<tr><td rowspan="2">承运信息</td><td>承运商</td><td></td><td>承运商电话</td><td></td><td>车牌号</td><td></td></tr>
<tr><td>司机</td><td></td><td>司机电话</td><td colspan="3"></td></tr>
<tr><td rowspan="3">费用信息</td><td>应付运费</td><td></td><td>应付配送费</td><td></td><td>应付提货费</td><td></td></tr>
<tr><td>其他费用</td><td></td><td>应付合计</td><td colspan="3"></td></tr>
<tr><td>运费付款方式</td><td></td><td>代收货款</td><td colspan="3"></td></tr>
<tr><td rowspan="3">货物信息</td><td>货物名称</td><td></td><td>数量</td><td></td><td>重量</td><td></td></tr>
<tr><td>体积</td><td></td><td>单价</td><td></td><td>计价单位</td><td></td></tr>
<tr><td>总价</td><td colspan="5"></td></tr>
</table>

〈11〉

<table>
<tr><td colspan="7">路单</td></tr>
<tr><td>路单编号</td><td>起运地</td><td>目的地</td><td>起运时间</td><td>承运商</td><td>车牌号</td><td>状态</td></tr>
<tr><td></td><td></td><td></td><td></td><td></td><td></td><td></td></tr>
<tr><td></td><td></td><td></td><td></td><td></td><td></td><td></td></tr>
<tr><td></td><td></td><td></td><td></td><td></td><td></td><td></td></tr>
<tr><td></td><td></td><td></td><td></td><td></td><td></td><td></td></tr>
<tr><td></td><td></td><td></td><td></td><td></td><td></td><td></td></tr>
<tr><td></td><td></td><td></td><td></td><td></td><td></td><td></td></tr>
<tr><td></td><td></td><td></td><td></td><td></td><td></td><td></td></tr>
</table>

〈12〉

	签收单			
运单信息	系统运单号		订单编号	
	交接运单号		托运单位	
	起运地		目的地	
货物明细	货物名称		类型	
	规格		包装	
	装车数		签收数量	
	签收体积		签收重量	
签收信息	签收人		签收时间	
	返单收回方式		返单收回日期	
	返单收回人			
	现金欠付			
签收人意见				

〈13〉

	核销单			
路单信息	路单编号			
	起运地		起运日期	
	目的地		运到日期	
	运量		重驶里程	
	燃油定额		机油定额	
	车牌号		司机	
运单明细	系统运单号	系统订单号		托运单位
核销信息	空驶里程			
	燃油实际消耗			

（4）选择下列至少两项内容进行评述与分析

提示内容：

①第三方物流的概念与特点。

②第三方物流部门设置与角色分析。

③第三方物流业务流程描述。

④第三方物流信息化管理的主要内容。

⑤系统软件架构与功能划分。

⑥样本单据设置的合理性。

⑦实践收获与体会。

参考文献

1. 王之泰.现代物流管理［M］.北京：中国工人出版社，2001.
2. 牛鱼龙.物流企业操作指南［M］.深圳：海天出版社，2004.
3. 深圳市职业技能训练中心.物流岗位技能手册［M］.上海：同济大学出版社，2005.
4. 费连才.第三方物流企业财务管理案例［M］.北京：人民交通出版社，2006.
5. 陈冰.ERP沙盘实战［M］.北京：经济科学出版社，2005.
6. 侯海英、栾红.国际贸易业务实训［M］.北京：经济科学出版社，2005.
7. 卢奇.物流管理软件操作［M］.北京：高等教育出版社，2005.